■ "厦门口述历史丛书"编辑委员会

学术顾问：李启宇　何丙仲　彭一万　龚　洁　洪卜仁

主　　任：蒋先立　唐　宁

副 主 任：吴松青　陈旭辉

委　　员：蔡文智　戴力芳　张　晖　章长城　李　珊
　　　　　林晓玲　潘　峰　肖来付　林　璐　林　彦
　　　　　杨　艳　白　桦　陈亚元　龚书鑫　孙　庆
　　　　　郑轰轰　叶亚莹　戴美玲

主　　编：陈仲义

厦门口述历史丛书 11　厦门城市职业学院 编

主编 陈仲义

黄曾恒 口述、整理

鼓浪屿君子

——黄省堂黄吟军父子

厦门大学出版社
国家一级出版社
全国百佳图书出版单位

图书在版编目(CIP)数据

鼓浪屿君子：黄省堂黄吟军父子 / 黄曾恒口述、整理. -- 厦门：厦门大学出版社，2021.12(2022.9重印)
(厦门口述历史丛书 / 陈仲义主编)
ISBN 978-7-5615-8440-8

Ⅰ. ①鼓… Ⅱ. ①黄… Ⅲ. ①文化－名人－生平事迹－福建 Ⅳ. ①K825.41

中国版本图书馆CIP数据核字(2021)第264789号

出 版 人	郑文礼
责任编辑	韩轲轲
封面设计	张雨秋
技术编辑	朱　楷

出版发行　厦门大学出版社

社　　址　厦门市软件园二期望海路 39 号
邮政编码　361008
总　　机　0592-2181111　0592-2181406(传真)
营销中心　0592-2184458　0592-2181365
网　　址　http://www.xmupress.com
邮　　箱　xmup@xmupress.com
印　　刷　厦门市青友数字印刷科技有限公司

开本　889 mm×1 194 mm　1/32
印张　6.75
插页　2
字数　170 千字
版次　2021 年 12 月第 1 版
印次　2022 年 9 月第 2 次印刷
定价　58.00 元

本书如有印装质量问题请直接寄承印厂调换

厦门大学出版社
微信二维码

厦门大学出版社
微博二维码

总序一

因城而生　跨界融合

唐　宁

历史如浩瀚烟海,古今兴替,尽揽其间。鹭岛厦门在千年史籍里沧桑起伏,远古时为白鹭栖所,先秦时属百越之地,而后区划辗转由同安县至南安县至泉州府,又至嘉禾里、中左所、思明州,道光年间正式开埠,光绪年间鼓浪屿成"万国租界"。1949年9月,厦门始为福建省辖市,逢今正与新中国同庆七十华诞。

七十年风云巨变,四十载改革开放,厦门始终走在发展的前列。厦门的经济建设者和文化传承者在这片热土上播洒了无数血汗,书写了特区建设可歌可泣的恢宏篇章,他们的事迹镌刻在厦门历史的丰碑之上。在有册可循的文字记载之外,尚有不少重要的人与事如沧海遗珠,未及缀补。

借此,厦门城市职业学院秉持"因城而生,为市则活"的办学信念,不仅通过专业建设主动对接厦门现代产业体系的需求,为厦门经济建设输送大量高素质技术技能人才,同时也通过多样性文化研究平台的建设,主动担当传承厦门优秀文化的使命。其中,由本校陈仲义教授领衔,汇聚校内英才、兼纳厦门名士,成立的"厦门口述历史研究中心",多年来致力于借助口述历史的形式,采集、整理那些即将消失的厦门城市记忆和历史"声音",成就了一批如"厦门口述历史丛书"这样的重要成果。

卡尔·雅斯贝斯(Karl Jaspers)说:"对人们而言,历史是回忆,因为人们曾从那里生活过来,对那些历史的回忆便构成了人们自身的基本成分","人生有涯,只能通过时代的变迁才能领悟到永恒,因此只有研究历史才是达到永恒的唯一途径"。从这个意义看,口述历史正是文字历史的多元融合形式,二者融合可以实现对文字历史的"补缺、参错、续无"之功。

厦门城市职业学院跨界组建口述历史研究团队,在对厦门城市历史的修撰补充中,通过跨界与融合,使厦门经济建设与文化传承的脉络更加清晰,使人们对过去时代的领悟更加深刻,从而使未来的发展更加稳健。陈寅恪先生说:"在历史中求史识。"而历史的叙写过程何尝不亦为史识的求证过程?历史告诉我们,发展才是硬道理;历史的叙写过程告诉我们,跨界、融合,才是通向卓越发展的道路。这正契合了厦门城市职业学院的办学理念:育人为本,跨界融合,服务需求,追求卓越!

陈仲义同志是与厦门城市职业学院一起成长的专家、教授,长期以来笔耕不辍,著作等身,受人景仰,在中国诗歌评论领域建树丰硕。祝愿他带领的新的团队,为厦门地方文化建设,踔厉奋发,再续前页。

2019 年 8 月

总序二

盾构在隧道里缓缓推进

陈仲义

2015年暑期,我奉命筹建口述历史研究中心,定位于承传厦门本土文化遗产,"口述"珍贵的人文历史记忆,涉及厦门名门望族、特区建设人才、侨界精英、闽南非物质文化遗产,以及原住民、老知青、老街区等题材的采集、整理、研究工作。

我原以为组织一干人马,并非什么难事。物色人选,各就各位;遴选题材、规范体例、包干到户,如此等等,便可点火升帆。然而,一进轨道,方知险情叵测。这些年来,"双建"(建设国家级示范性院校、省级文明院校)目标之重如大山压顶,团队成员几近分身无术、疲于奔命。先后有三位骨干因教学、家庭问题退出,团队一时风雨飘摇。面对变故,我们也只好以微笑、宽容、"理解之同情",调整策略,放缓速度,增补兵源。

开工之后,"事故"依然不断:明明笃定选中的题材,因事主"反悔",说服无效而眼睁睁地看着泡汤;顺风顺水进行一半,因家族隐私、成员分歧,差点夭折;时不时碰上绕不过去的"空白"节点,非填补不可,但采撷多日,颗粒无收,只好眼巴巴地在那儿搁浅,"坐以待毙";碰上重复而重要的素材不想放弃,只能在角度、语料、照片上做大幅度调整、删减,枉费不少功夫;原本以为是个富矿,开采下去,却愈见贫瘠,最后不得不在尴尬中选择终止……诸如此类的困扰大大拖了后腿。好在团队成员初心不变,辑志协力,按既定目标,深一脚浅一脚缓缓而行。

团队从原来七人发展到十多人。校内十人来自中文、社会、旅游、轨道交通、图书馆、办公室等六个专业与部门。除本人外,皆清一色七〇、八〇后,正值"当打之年"。校外七人,分属七个单位,基本上属古稀花甲。如此"忘年交"配对,没有出现"代沟",反倒成全了本团队的一个特色。

团队阵容尚属"可观":正高二位、副高八位、讲师二位。其中硕士四位、博士三位。梯队结构合理,科研氛围融洽。特别是校外成员,虽然经费有限,但他们不计报酬,甘于奉献。

在学院领导的关怀和大力支持下,丛书终于初见规模。作为中心责任人,在选题挖掘、人员组织、关系协调、难题处理方面,我虽倾心尽力,但才疏智浅,不尽人意。如果丛书能够产生一点影响,那是团队成员群策群力的结果;如果出现明显的纰漏不足,实在是个人短板所致!

阅读丛书,恍若穿梭于担水街、九姑娘巷、八卦坪,在烟熏火燎的骑楼,喝一碗"古早茶",再带上两个韭菜盒回家;从阁楼的樟脑箱翻晒褪色的对襟马褂,猛然间抖出残缺一角的"侨批",勾连起南洋群岛的蕉风椰雨;提线木偶、漆线雕,连同深巷里飘出来的南音,乃至一句"天乌乌,袂落雨"的童谣,亦能从根子上触摸揉皱的心扉,抚平生活的艰辛;那些絮絮叨叨、缺牙漏嘴的个人"活捞事",如同夜航中的小舢板,歪歪斜斜沿九龙江划到入海口。我们捡拾陈皮芝麻,将碎片化的拼缀、缝补,还原为某些令人欷歔的真相,感受人性的光辉与弱点;也在接踵而来的跨海大桥、海底隧道、空中走廊的立体推进中,深切认领历史拐点、岁月沧桑、人心剧变如何在时代的潮涌中锻造个人的脊梁。

历史叙述,特别是宏大的历史叙述,随着主要亲历者、见证者离去,"隔代遗传"所带来的"衰减"日渐明显。而今当下,历史开始从主流、中心、精英叙事转向边际、凡俗。新地带的开垦,将迎来千千万万普通民众汇入的"小叙事"。日常、细节、互动,所集结的丰富性将填补主流人类学、历史学、社会学、地方志的"库藏",因应出现"人人来做口述史"(唐纳德·里奇)的提倡,绝非空穴来风,而具深远意义。

口述形式,有别于严丝合缝的文献史料,也有别于步步推进的考辨理据;亲切、在场、口语化、可读性等特质,可能使其更易迎合普通读者,这也是它得以存在且方兴未艾的原因,怎样进一步维护其属性、增添其特性光彩呢?口述历史不到百年寿龄,其理论与实践存在诸多争论与分歧。作为基层团队,多数成员也非训练有素的史学出身,但凭着热情、毅力,凭着对原乡本土一份挚爱,"摸着石头过河",应该可以很快上岸。

表面上看,口述历史难度系数不大,大抵是一头讲述,一头记录。殊不知平静的湖面下藏有深渊。它其实是记忆与遗忘、精准与模糊、本然与"矫饰"、真相与"虚构"、本能与防御、认同与质疑,在"史实"与"变形"间的悄然较量,其间夹杂多少明察与暗访、反思与矫正。不入其里,焉知冷暖?

"口述性"改变了纯文献资料的唯一途径,但没有改变的依然是真实——口述史的生命。团队初出茅庐,许多规范尚在摸索阶段,但总体而言,第一步基本上应做到"如实照录",亦即《汉书》所褒赞司马迁的"其文直,其事核,不虚美,不隐恶"的实录精神,而要彻底做到这一点很不容易。不仅要做到,接下来还要互证(比较、分析),规避口述者易犯的啰唆重复、拖泥带水、到哪算哪的游击作风;

而整理者的深入甄别、注释说明、旁证辅助、文献化解、在场还原、方言转换,尤其是带领学生社会实践的参与度,仍有很大的提升空间。

厦门历史文化,比起华夏九州、中原大地,确乎存在不够悠久丰厚之嫌,但与之相伴的闽南文化、华侨文化、嘉庚精神,连同入选国家级非遗名录的歌仔戏、高甲戏、南音、答嘴鼓、讲古等,各有厚植,不容小视。中心刚刚起步,经验不足,稚嫩脆弱,许多资源有待开发,许多题材有待拓展,许多人脉有待联络,许多精英有待挖掘。如果再不努力"抢救",就有愧于时代与后人了。

其实,厦门出版的地方历史文化书籍还是蛮多的,大到盛世书院,小至民居红砖,成套的、散装的,触目可取。但面对拥挤而易重复的题材,何以在现有基础上,深入腹地,称量而出;面对长年养成的惯性思路,何以在口述语体的风味里,力戒浅率而具沉淀之重?

编委会明白自身的长短,与其全面铺开战线,毋宁做重点突进,遂逐渐把力量集中在四个面向:百年鼓浪屿、半世纪特区、国家级非遗名录、老三届群体。希望在这些方面多加钻探,有所斩获。

无须钦慕鸿门高院,关键是找好自身的属地。开发历史小叙事、强化感性细部、力戒一般化访谈、提升简单化语料,咀嚼謦欬间的每一笔每一划。罗盘一经锁定,就义无反顾走到底,积跬步而不悼千里之远,滴水穿石,木锯绳断,一切贵在坚持。愿与各位同道一起,继续铢积寸累,困知勉行。

最近刚刚入住东渡狐尾山下,正值二号地铁线施工。四十米深的海底隧道,隐隐传来盾构声,盾构以平均每小时一米的速度推进着,与地面轰鸣的搅拌机相唱和。俯瞰窗外白炽的工地和半掩的入口处,常常想,什么时候,它还会碰上礁岩、滑沙、塌陷和倏然涌冒出来的地下水?失眠的夜晚,心里总是默数着:一米、一米、再一米……

2019 年 4 月

目录

题　记　　　　　　　　　　　　　　/ 1

上编　黄省堂

第一章　家　世　　　　　　　　　/ 5
第二章　成　长　　　　　　　　　/ 11
第三章　工部局　　　　　　　　　/ 24
第四章　婚　姻　　　　　　　　　/ 35
第五章　黄奕住　　　　　　　　　/ 49
第六章　新　居　　　　　　　　　/ 54
第七章　儿　女　　　　　　　　　/ 62
第八章　游　艺　　　　　　　　　/ 77
第九章　电灯公司　　　　　　　　/ 93
第十章　黄聚德堂与自来水公司　　/ 107
第十一章　晚　年　　　　　　　　/ 112

下编　黄吟军

第十二章　父亲的童年　　　　　　/ 127
第十三章　参加革命　　　　　　　/ 132
第十四章　教师生涯　　　　　　　/ 148
第十五章　下放闽西　　　　　　　/ 173

第十六章　教育与学术　　　　　　　／ 185

第十七章　离休生活　　　　　　　　／ 200

后　记　历史、环境、家庭与人　　　／ 205

题 记

以下所述的，都是我从长辈们口中听来的故事，多少年来都耳熟能详了。我的父亲在世的时候，我不会想到要去记录家史，总以为还有无数情节会从他的口中道出。然而前年老先生亡故了，他那一代的老人们也都不在人世了，看来家史也不会再有增加的新材料。而那些已有的记忆，我不能再任它随风飘零，我现在禁不住想要从头细细地回忆它，尽可能把它原原本本地记录下来。

上编 黄省堂

土壤 莫斯堂

第一章

家 世

1

一切都要从头说起。

我们家在鼓浪屿已有近一百七十年的岁月，历经六代人。在晚清咸丰年间，确切地说是公元1853年的夏天，我的高祖母从曾厝垵渡海来到这里。她当时还很年轻，挽着渔民式的发髻，穿着黑布大刀衣衫，戴着孝，怀抱着一个婴儿，满脸风霜。在她的随身包袱中，裹着一个曾氏的祖宗灵牌，这个灵牌我们家世代守着，直到1966年以前还一直摆放在我们家三楼大厅的供桌上。

高祖母是曾厝垵人，夫家就姓曾。据说他们家传武艺，这是可能的，因为曾厝垵从康熙时期以来就是个屯兵的所在，是厦门城的海防门户，那里的人习武应是常事。曾厝垵位于厦门正南沿海，控制着从浯屿到大担、二担岛之间的宽阔的海面。它的滩头也很宽阔，所以需常年驻军，以防止海盗抢滩登陆。曾厝垵还是个重要的汛口，监督盘查过往船只，总而言之，它是厦门城一个重要的海防要塞。时过境迁，今天的曾厝垵已经变成一个热闹嘈杂的旅游景区，而在当时，却是个荒凉而险要的地方。这一切在乾隆年间薛起凤编修的《鹭江志》中就有详细的描写。

1850年左右的鼓浪屿（油画）

2

　　高祖母的名字没有人记得了。她离开曾厝垵是由于家庭的一场变故——丈夫死了——死于非命。她一时走投无路,于是逃离了。这是一百多年以前的事件,具体的情节今天已经很模糊,因为当事人从来不愿再提起那不幸的往事。但是,我们家却祖传着一个很严格的祖训,这祖训其实只有一句话,我父亲就很严肃地向我传达过好几次:"如果有人在夜间呼唤你的名字,切不可答应!"

　　这祖训听起来让人毛骨悚然。一件小事情何以要那么严肃!我向父亲询问究竟,他只轻描淡写地说:"我们的一位祖先,是曾厝垵的农民。一天晚上,偶然听到有人呼唤他的名字,便开门探出头去,不料门外有一把大刀挥过来,他的头就被切下来了。"

　　"啊!谁干的?"

　　"双刀会。"父亲说得十分肯定。

这故事实在叫我非常吃惊。从此,我也就猜到我们家迁来鼓浪屿的起因了。可我小时候根本不去遵从这条奇怪的祖训,因为中学时代我参加民兵,晚上经常要紧急集合,每当半夜三更听到同学在窗下叫我的名字,我马上就起床披衣跑步出门去了。现在想想,当时我的父亲一定很担心吧?

"双刀会"也就是小刀会,很早的时候属于白莲教,在东南沿海闹得很厉害。后来适逢太平天国造反,它便由秘密走向公开。因为过去有许多秘密的会众,平时隐藏着,当需要时便突然起事。所以像厦门这样的驻军城市也一下子就被他们里应外合地攻取了。因为小刀会是要消灭洋人的,所以厦门城的洋人们都被逼到鼓浪屿来了。没想到被逼来鼓浪屿的还有我们家祖上的这一对母子。

厦门曾厝垵对面的大海

3

传说高祖母是一个非常刚毅的女人,脾气坏得很,却很能干。她天生一双大脚,挑着货郎担子在鼓浪屿走街串巷地叫卖。为抚养儿子,她嫁给了当地一个黄姓的单身汉,就这样,我们家从此不再姓曾,而改姓黄了。她为儿子取名叫"黄光土",就是光复故土的意思。这当然不是指鼓浪屿,它指的就是曾厝垵。高祖母虽然嫁给黄家,可是曾家的祖宗牌却永久地摆在厅堂上,而且虽然经过了六代人的岁月,但这个曾字仍然留在我这个辈分所有男性后人的姓名之中。这是多么深刻的印痕!

高祖母这个人总是不甘于墨守成规地度日,她非常的勤劳能干,她的货郎担很快地演变成了一家小杂货铺。后来她的孩子长大了,继承了店铺,主要经营食杂干果和香烛等日用品。那个时候的鼓浪屿已经日渐繁荣,所以黄家的小店铺也就顺风顺水,生意一天天兴旺起来。这店铺的位置就在现在鼓浪屿街心公园东北角,正对着泉州路口,实在是一个非常好的商业路段。但是像这种小店在当时的鼓浪屿实在是不起眼的,所以没有人记住它的名号。

4

曾祖黄光土经营杂货店没几年,就营造了一幢大厝。这是一幢标准闽南清式民居,出砖入石,做得很到位。它的屋脊之下是一间大厅,屏板背面有一个小过道通向后门。大厅的两侧有四间房,由于东西侧墙没有开窗,所以只能用天窗来取光照明。大厅前一道回廊,围着一个天井,两边各有两间小耳房。天井的地面铺满红砖,左右还砌了两排花岗岩的花架。天井对着大门,我记得那大门的左边原有一个大大的石磨盘,小时候每当逢年过节,我的保姆都要带着我去那里磨米浆做年糕。那磨盘现在已不知去向,但那整个房子却还好好地矗立在那里。现在鼓浪屿这种清代的民居已经存留得不多了,而我们的祖屋却还是完好的,这才是真正的历史风貌的代表。祖屋的地址就在我们现在居住的楼房东南角上,大门外是一条小巷子,宽度就一两米,现在每天都有旅游团队经过,挤得水泄不通。它现在的门牌是龙头路269号。

曾祖黄光土像

黄氏在鼓浪屿的祖宅大厝

5

黄光土就在这落大厝里娶了亲,可是他们小夫妻太年轻了,一切事都还得由母亲做主,小夫妻只能唯唯诺诺地听从。日子久了,他们也都习惯于唯唯诺诺地听从,不觉得有什么不对。高祖母则越老越跋扈,虽然年纪大了,可是她手脚却没有闲着,仍天天里里外外地忙碌着,这大厝里的一切,都显示唯有她才是家真正的主人。在这样的环境下,我的曾祖黄光土越发养成了谨小慎微的性格,每日里兢兢业业地干活养家;而他的太太,我的曾祖母竟被压迫成了一个一丝脾气也没有的妇女。她一辈子生育了四个男孩和两个女儿,后来就有四个儿媳,但谁都没有受过她的气,她名声竟是如此的好,以至于外人总是拿她和婆婆来做对比,从而把我的高祖母批评一通。

　　曾祖父一生就守着他的杂货店。他太了解安居岁月的难得，而先辈的阴影也从未离开过他的内心，可以想见他心灵上的沉重的担负，这也导致了他的生命过早地衰竭。他死的时候不到五十岁，那时我祖父黄省堂只有十九岁。

第二章

成 长

6

　　曾祖父和曾祖母所生养的四个兄弟,竟然是四个迥然不同的性格和命运。大哥黄振清比四弟黄振贱(也就是我的祖父黄省堂)年长十岁。黄振清童年的时候,家道还是很艰难的。他从懂事起就跟着他的父亲在小店里帮工,根本没有读书的机会。他也许继承了曾家祖上习武的传统(从他的祖母那里),很喜欢打拳,后来他的三个儿子也喜欢打拳。黄振清同他的父亲一样,也去世得很早,遗下三个儿子都由我祖父(他们的四叔)带在身边读书,他们叔侄之间的感情就如亲父子那样。因为我的祖父始终认为自己之所以能够读书上学出人头地,实在是多亏了大哥的牺牲,所以对三个侄儿担起了父亲的责任。

　　二哥黄振国与大哥截然不同,他是一个不肯受约束的人,俗话说脚野得很。针对他的野性,父母的计谋是早早为他娶个妻子,好把他约束在家。于是他们早早就为他娶了个新娘,一个把脚缠得很小很小,年纪才十五岁的新娘。可是当时谁也没有想到,才成亲后没几天,黄振国就逃走了。他头也不回地一路到了人生地不熟的南洋,从此浪迹天涯。在十来年的流浪生涯中,他没有过稳定的栖身之处,也没有过稳定的工作,据说住得较久的地方是缅甸的仰光。由于行踪不定,他的消息家人全然不知,而他的妻子则一进门就守了活寡,而且这一守就是十年。后来,当黄振国的脚板突然踏回家门的时候,人们惊异地看到他带回一位个皮肤黝黑的女孩子。他说,这是他在南洋生的女儿。他还说曾经生过一个男孩,夭折了,但必须在男孩子的排行中占一个位置。至于孩子的妈妈是谁,他不说,也没有人知晓,连海外的熟人都不晓得,只知道是个土著。于是,这个黝黑的女孩就成了他的妻子的女儿,抚养在身边,一家人倒也相亲相爱。而我的这位二姆婆却一辈子都没有生育了。

回家后的黄振国无所事事,天天待在家中看武侠小说,从此再也没有出门了。也许是长年的漂泊生涯和武侠小说的双重作用之下,他养成了某种可称之为侠肝义胆的品性。1941年12月8日,日本人占领鼓浪屿的当天,有一队日本军人冲进我祖父的办公室,将他扣押起来,当时家里都紧张害怕得要命,谁也不敢去探望,只有这位二哥,拿起手杖直闯进去与日本人理论,没想到这一闹,日本人居然把我祖父给放了。这在当时可以说是一个绝无仅有的故事啊!他的勇气让家里人佩服不已。黄振国在抗战期间过世了,他的妻子则一直活到七十年代末才过世。我小时候常去他们家,看到过许多字迹很小很小的石印本武侠小说,还有一抽屉的清代铜钱。二姆婆说这些铜钱是要收着等死后在出殡时让晚辈戴在手腕上的,旧俗称作"得手尾",可我们等不及了,时不时向她讨几枚去做毽子踢。

三哥黄振忠与我祖父的年龄最近,自然感情也较亲密。祖父曾说他们四兄弟里,三哥是最灵的一个,他写一手漂亮的毛笔字,似乎用不着怎么练习就已经写得不错。他经常给人写墓碑,因此他们家里时常有人送来猪蹄——这是本地的风俗,作为写墓碑的谢礼。他和我祖父从小就一起玩、一起上学、一起进英华书院。毕业之后我祖父留在英华教书,他又到福州继续去上会计学校了,看起来是前途大好的人才。虽然如此,他与我祖父在性格上却是大相径庭,不像是同胞兄弟。我祖父为人比较果敢、坚强、性子火暴,就像他的祖母;而他的三哥则性格和善、软弱、循规蹈矩、胆小怕事,像他们的母亲。本来鼓浪屿工部局先是选择了黄振忠去工作的,但是上班才头一天,他就哭着回家来,说是看到堆叠到天花板的簿册,吓坏了,没有勇气在那里工作。他好说歹说,软磨硬泡,要他的兄弟去顶了他的位置。就这样,我祖父除了英华书院的日常教学外,又兼了工部局的工作,后来教师的职务也辞去了,整个命途就此改变。

黄振忠终于在邮政局找到了称心的清闲职务,不久,他与一位姓赵的姑娘结婚了。新娘过门的时候,还带来了一个贴身的通房婢女,叫作春花,这是闽南地区旧时代陋俗,作为一个接受了启蒙教育的新时代的青年是应该拒绝的,然而他也不愿打破这陋俗,居然一妻一妾地过日子。从此之后,两个老婆,十五个孩子,生活过得紧巴巴的,据说每天到菜市场都是赊账的,等到月终,菜贩子们上门来讨钱之后,他总要把负责买菜做饭的春花打一顿。春花一生为他生养了六个儿女,但这些孩子从不叫她妈妈,只是"春花、春花"地喊着。后来,我母亲刚嫁过来做新娘子的时候到大厝拜访了她,母亲向她鞠躬,称"三伯母",佣人还立刻上来阻止,说不合礼。春花是一个心地善良的女人,她的丈夫带着大老婆在解放前夕去了香港,之后的几十年,她一个人成了我家祖屋大厝的顶梁柱。

她是整个大厝里最值得尊敬的人,我和我的父母都非常敬重这位辛勤而卑微的长辈。

而我三伯祖黄振忠则去了香港,他的目的是阻止他的几个儿子随我大姑父庄杰鹄和我父亲一起回来参加解放战争。他成功了,儿子们的性格也都像他一样,终于规规矩矩地留在香港,他也再没有回来。1956年,他在香港病逝,我看到过他的遗像,好像有很严重的白内障。

7

我的祖父生于公元1889年,即清朝光绪十五年。属牛的人性格很倔强,而且一辈子也很劳累。在四个兄弟中,他最得曾祖父宠爱。曾祖父给他取名叫"振贱",就是振拔贫贱的意思,这个贱字当然指的是曾厝垵旧家的地位。字曰"守曾",在四兄弟中,他被指定为曾氏家族的守望者,曾氏祖先的灵牌也由他守护着。这个曾氏的深刻的印记并未因高祖母的改嫁而磨灭,并且烙在我祖父这一支后代身上。

祖父童年的时候家境已经好转,因此得以上学。一开始上的是私塾,先生按着规矩也给我祖父取了个学名,叫黄省堂。在这里显然先生误解了"守曾"的含义,以为是守着儒家的曾子之道,就是论语里的"曾子曰吾日三省吾身"的意思。当然,"省堂"这名字叫起来的确比较响亮,先生、同学叫开了,以后大家也都这么叫。但是在正规的场合,他仍以黄振贱署名,早期英华书院学生的毕业文凭上,他的签名是 C.C.H.,也就是黄振贱。

据说祖父童年的时候十分顽皮,这在成年以后的黄省堂身上是看不出来的。但是我的奶奶、姑姑和父亲都这么传说着。几年前碰到文史专家黄猷,他在年轻时是我家的常客,他一见面就对我说:"你爷爷小时候是太顽皮了,你知道吗?""怎样的顽皮呢?"我明知故问。他说:"非常贪玩,性地(脾气)又坏,你曾祖母骂他两句,他就抓一把沙土洒在母亲炒菜的锅里,然后就撒腿跑了……真是顽劣之极。"这故事我父亲也曾对我说过,但他说的时候却有另外一重用意,父亲对我说:"你祖父最重要的优点是能够与自己的不良行为一刀两断,他的一生危机重重,他以读经来戒除养鸟斗鸡的恶习,以写字来磨平自己狂怒暴躁的脾气。他具有决断的性格,是一个知错能改的人,而不是一个生来就优秀的人。"

父亲告诉我一件关于祖父少年时代的故事,说祖父生前也经常以此事教育他的儿子们:在祖父少年时代,与后来成为大学问家的许地山为玩伴。许地山比他小三四岁,但读书却非常用功。他对我祖父说:"每当看到别人用功读书的时候,自己无论如何不好意思放心地游戏玩耍,总会责备自己白白浪费了时光。"此一番话让我祖父深为感动,能得着这样的一位少年朋友,于他是多么幸运,也许我祖父的顽劣根性之所以得到拯救,竟是靠了这个小朋友的影响。我祖父当时就已经断定这位伙伴将来前途一定不可限量,后来许地山果然成为一位伟大的作家和学者。

祖父与许地山童年玩耍的地方——中华路土地宫前的石头

这件事情其实关乎中国现代文学史的研究,许地山少年时代曾居住在鼓浪屿的事情,所有的材料都未曾提及,我看过好几种许地山传记,研究者都不知道此事。那些传记让人感到匆匆而成,并不是花时间精力搜集考证的成果,其实证据是很容易得到的。民国时期李禧等人编写的《厦门市志》就有这样的内容:"许南英,号允白。窥园主人,留发头陀,龙马书生等,皆其自号也。生台湾,光绪庚寅,恩科进士,与丘逢甲同时,均以诗名。乙未割台祸起,有民主国之筹建,南英任筹防局统领。事败内渡。鼎革后,居鼓数年,与汪春源、沈琛笙、施云舫等同入菽庄吟社……"许南英是许地山的父亲,其居住鼓浪屿数年,正是许地山的青少年时代。《厦门市志》还记载了许南英居住鼓浪屿时生活非常贫困,只是还不知道他所居住的地方就在我们家大厝旁边的土地公宫一带,与我们也算是邻居了。认识黄省堂于许地山如过眼云烟,而认识许地山于黄省堂却是终身受益了。

鼓浪屿龙头路一带(清末)

8

鼓浪屿的英华书院(Anglo-Chinese College)建立于清朝光绪二十四年(公元1898年)。祖父放弃了私塾,进入英华,成了她的最早期的学员。这个书院的意义不仅仅是在古老的国土上开展现代化的西式教育,因为自从洋务运动以来,有中国人主持的现代西式教育的学校已经在多地兴起,然而,由英国人自办的教会学校,客观上起了中西文化碰撞交融的作用。这一点英华书院是有着创始之功的。

书院设有中文和英文课程,而数理科学是全用英文讲授的,教师也都是老外,这就要求中国的孩子以最大的努力掌握英文。所以,英华的学生英文好是不足为奇的,但奇怪的是这些孩子的中文往往也学得极好。这就值得研究教育的人特别关注了。

第一批来华的外国人,对于学习华语的热情不亚于想学外语的华人,但是双方都经过了十分艰苦的摸索过程。因为一开始并没有成熟的翻译体系。我的祖父曾经讲过一则笑话:一位英国人和一位本地人在散步,看到海边许多人聚集着,就让本地人过去看看怎么回事。一会儿,那人回来了,说了以下的话:

"The boy is 孽涍(闽南语顽皮),The sky is reining, Inside to outside,——Ping pong! 跌落海!"

我们这位翻译家的先驱,就是这样打通了两种语言的隔阂。到了我祖父上学的时代,他已精通了英语,而他的老师也已精通了厦门话;他的英语口音跟他的老师一样是地地道道的苏格兰腔调,他的老师也是一口地地道道的鼓浪屿的腔调,语言的魅力完全展现了。

祖父说,当时的英语教材并不是从语言学的角度来编写的,而是直接就用文学读本,其中很大部分是诗歌,从莎士比亚一直到拜伦的诗歌都有。读它的好处是朗朗上口。而当学生们理解了这些优美的作品之后，也常会有一个念头就是想将它翻译出来，这是很自然的冲动，当然要用极尽优美的汉语。这样，英语的学习和应用刺激了中文的学习和应用。从厦门教会学校出来的学生，翻译的英文诗歌堪称经典，但不太流行，因为后来国内兴起的白话文运动，把一切文言文都冲击了。鼓浪屿有名的邵庆元先生翻译的《友谊地久天长》就是这样的例子。

这是一个时代的风气，人们读过苏曼殊的小说《断鸿零雁记》，其中作者用古文翻译拜伦的《致大海》四章，文笔是何等的优雅，但现在能品读的人已经不多。

出生在海外的厦门人辜鸿铭曾对英国作家毛姆说，你想了解汉语，汉语有两种：一种是底层的人们使用的白话，这种语言时时在变着，并不稳定；另一种则是知识分子使用的经典的文言，它延续两千年而不变，这才是汉语的精华（大意如此）。通过文学经典来学语言，是那个时代的共识。辜鸿铭在德国一开始就把歌德的巨著《浮士德》作为初学的课本，而后当他在北京大学教授英语时，起手便是弥尔顿的《失乐园》，他说这是"洋离骚"。《离骚》是学中文的人不能不读的古代经典，闻一多在课堂上说："痛饮酒，熟读《离骚》，方得为真名士。"那么按辜鸿铭的意思，学英文的若不熟读《失乐园》也难成真名士了。

另一个厦门人林语堂早期编了一套《开明第一英文读本》，这是一套由浅入深的很成熟的学英语的教材，当时内地学校也都取用。但里面的内容，许多是把中国古代经典作品像《论语》、《孟子》之类的文章拿出来译成英文。在这里，林语堂也是具有促使文化碰撞融合的深意的。

总而言之，教会学校的学生中文好，的确是一个值得关注的现象。我的祖父即其一，邵庆元、林语堂、周辨明等同时代的人都是如此。就像苏曼殊和辜鸿铭这样的人的老师也都是外来的牧师神父，大概因为只有他们肯漂洋过海远道而来，也只有他们肯融入当地的文化之中，在很多情形下传道的成就反而不如传播学术的成就显著，这当然是客观的因素所造成的。

英华书院（约1910年，H.F.Rankin摄影）

9

就这样，祖父在这个类似于"比较文化"的书院中度过了六年的学习生涯，他的老师洪显理（Henry J.P.Anderson）是一个英国贵族，他一直到死都与祖父保持很亲密的关系；还有一位金禧甫，金先生是前任校长，他们都是早期的教师，这些外国人在对待教育上是具有某种献身的精神的。英华书院后来成了厦门第二中学，也是我的母校，在生物实验室里有两具人体骨骼，据说就是外国教师所捐献的遗体，我在读书的时候还经常看见。

祖父在英华书院的确学到了现代知识分子的精神，自由的思想和严谨守约的人生态度。毕业之后不久，他有一次实践的机会，就是和他的同窗好友王世铨一起为到访的美国舰队充当翻译（也许这是金禧甫和洪显理的有意提携，因为我祖父和王世铨此后就留在英华书院当教师，他们是英华书院自己培养的第一批华人教师。后来，祖父成为学校的董事长，王世铨成为副校长，一度代理校长）。

时间是公元1908年（光绪三十四年），美国的一支庞大的舰队环游世界，访问了许多沿海国家，当时亚洲的菲律宾和日本都为此舰队所震动。由于舰队的所有舰只都漆上白色的油漆，所以人们称之为大白舰队。当该舰队访问日本之后，又一分为二，一支分舰队去了马尼拉，另一支分舰队来到中国的厦门。

1908年美国大白舰队驶入厦门

清政府为了迎接到访的大白舰队，大肆挥霍钱财。刚从甲午战败中稍稍恢复的海军舰艇齐集厦门，军机大臣坐镇，萨镇冰也亲临指挥。可以说，整个政府都喧腾起来，兴土木、办宴席、修游乐场、赠礼品，据说真的让到访的美国水兵尽兴而归。当然，在这样的外交场合中，翻译是不可或缺的，当时精通英语的中国人不可多得，而英华书院就推出了自己的毕业生。

王世铨是祖父一生最要好的朋友（他们的友谊从学生时代开始，老而弥笃。许多次祖父碰到为难的事情，都拉着王世铨做伴，而王世铨对祖父的事也从来不曾推却）。黄省堂和王世铨因为成绩优异而被选拔出任翻译，从头到尾参与了接待活动。任务结束回来的时候，他们各自得了一个奖杯，上面雕刻着清朝的黄龙旗和美国的星条旗，是一个很漂亮的纪念品。这件物品我父亲说他亲眼见过，他认为像是一个景泰蓝。

当时的礼品，祖父与王世铨各得一件

10

祖父在英华读了六年书，眼界已经打开。对于生活于清代的中国年轻人，第一次目睹了整个世界的宏大的背景，当然心向往之。走出国门似乎是必然的选择。祖父和许多英华的毕业生一样，他们有出国深造的机会，而校方也已经决定推荐黄省堂赴英国留学，洪显理更是为此奔走，亲自到家里来游说黄省堂的家长。但令人沮丧的是，黄省堂的家境贫寒，完全负担不起留英学习的费用。

那一年黄省堂十八岁，他身患重病的父亲黄光土的生命也差不多走到尽头，无法再为儿子努力奋斗了。家里的积蓄少得可怜，而且还要对付将要到来的困境。黄光土对黄省堂说:"邻居的某人因儿子出洋留学,他每年要卖掉一幢房子才够费用,我们家是绝不可能的了。你有四个兄弟,不能一切条件只对你一人倾斜,让他们去为你牺牲。"这话当然没有辩驳的余地。此时做父亲的只盼望着儿子赶快参加工作,赚钱养家;而做儿子的眼看着全部的理想幻灭,仿佛双翅折断的鸟儿,被困在贫穷的家庭里,这的确是十分难以忍受的。此时洪显理先生又给祖父指了另一条路:信教受洗,用教会的钱出国进修。祖父则当即拒绝了。祖父虽然读的是教会学校,《圣经》也是必修之课,但他本人却无此信仰。现在看来信仰基督并没有什么不好,然而仅仅为了钱去受洗乃是罪恶。何况我祖父对当时的教会并无好感,所以洪显理先生的提议祖父是根本不去考虑的。这样,英国肯定是去不成了。祖父晚年的时候,在一次宴会上有朋友问起他是否留学英国,否则何以满口的苏格兰方言?祖父苦笑着回答:"我是留学鼓浪屿的。"

青年时代的黄省堂(1910年)

11

　　就这样,祖父留在鼓浪屿的英华书院当起了教员,和他的好朋友王世铨一起。王世铨后来成为一个非常优秀的数学教师,我看到许多英华校友的文章,都讲到此人对几何学是非常精熟的。他能徒手在黑板上画圆形,根本不用圆规,一笔而成,随意大小,然后圆心一点,不偏不倚。我父亲也曾对我这么说,可见是千真万确的。但是再好的教师也对付不了不长进的学生,王世铨因为与我祖父交好,所以在我父亲读英华时(那时已经叫作英华中学,但英文缩写仍是 A.C.C.),每天下午放学都被他带回家里补习,可是到了数学考试的时候,仍然每次都不及格,天晓得是怎么回事!

　　祖父在英华担任的是英语的教学。我起先很奇怪,英华书院洋人济济,怎么轮得到我祖父去教英语?后来听人说,祖父有一套教育本地人的特殊方法,或者说是有一种诀窍,容易使人接受,不至于在课堂上处处纠结,不能贯通。

　　但是我祖父的教学法也并非是把万能钥匙,据说我祖母的几个弟弟曾经特意来向他学习英语,他教了一整年也教不会他们几句简单的会话,每天晚上都在那里结结巴巴地朗读,惹得我的姑姑们哈哈大笑。

第三章

工部局

12

　　祖父在英华书院教书不久,就同时被工部局聘用了。他大部分时间都和外国人打交道,但就从那个时候起,他的民族意识却越来越强了。之所以如此,是因为他在外国人的世界里了解了一些以往所绝不曾见识的真相。

　　我们家的祖先都很爱国,因为亲眼看到并经历了自鸦片战争以来国破家亡的惨痛。从他们取的名字就可以看到一个老百姓对国家的热忱。但是年轻的黄省堂并没有这些经历,他只是在家庭的影响下潜移默化地培养祖国的观念。刚到工部局的时候,他非常赞叹洋人的城市管理的效率和成就,一心扑在工作上,因而上司都很看重他。有一天晚上,他被叫到办公室,有一份文件需要请他来帮助打字。之所以选他是因为他的严谨而守约的人格为上司所认可,上司认为黄省堂是位绅士或君子。在工作之前,祖父被要求发誓永不透露文件中的内容,然后再开始打字。我祖父干了个通宵,第二天回到家里时脸色就特别难看,虽然他为了信守诺言,果然一辈子都没有泄露所打字的文件的内容,但是他对于工部局的外国人的信任却在一夜之间崩塌了。原来要他打字的是一份教会搜集的情报,然而非关信仰,也非关学术,而是非常详细地记录了所有当地人生活的细节。祖父对家人说:"不要以为我们的生活是自由的、私密的,你家几双筷子几个碗,人家都了解得清清楚楚!"祖父非常沮丧,他终于知道来华办学、传教的外国人士并非纯洁,甚至宗教和学术有时也只是一个幌子。

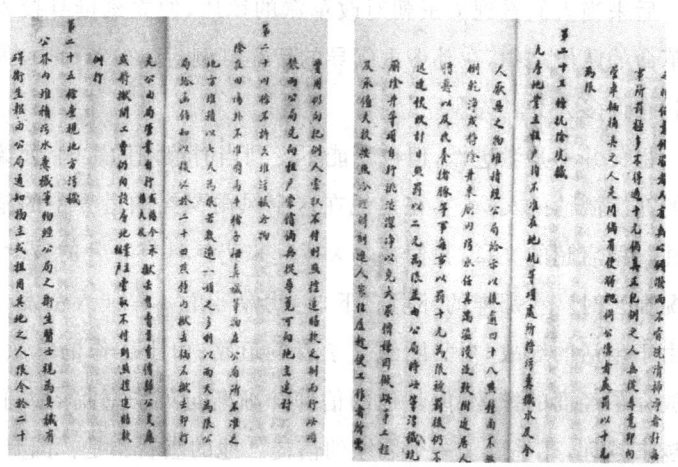

1909年制定的工部局条例(厦门市档案馆藏)

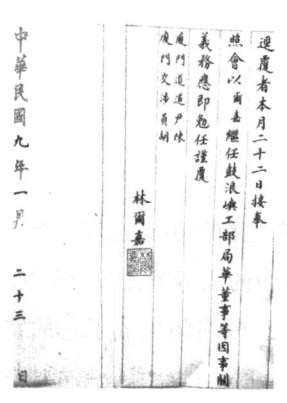

林尔嘉继任工部局
董事(1920.1.23)

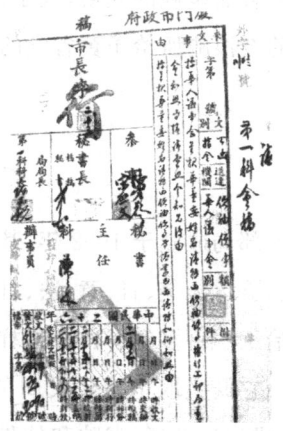

民国厦门市政府关于工部局
华人议事会函件(1937.2.13)

在祖父的整个青年时代，占据着他的思想的是梁启超的文章。戊戌变法虽然以失败告终，但其余波未尽，一直激励着、鼓舞着青年学子的心灵。拯救祖国、拯救世界的信念一刻也没有离开当时的青年。鼓浪屿自然不是世外桃源，非但如此，还因为它率先吸收了现代文明，使人们看到了国家改良的曙光，大家心情总是澎湃的。后来当人们看到清王朝对改革派的镇压，便立刻挺身投入国民革命的队伍之中，在孙中山领导的旨在打倒封建的革命中，鼓浪屿就有许多人为其先驱。

祖父并不是激进派，但也不能不受到当时浪潮的影响，而梁启超的充满激情的文章，实在是他在这个风雨飘摇的世界中的精神支柱。梁启超的文章，我们在今天读起来仍然具有非凡的鼓动力，何况在当时！在那样的环境之下，它就像号角一样催人奋发。虽然由于生活的缘故，祖父断绝了学者的道路；由于工作的缘故，他也放弃了经商的家业，但是他的信仰却渐渐与英华书院的人们离得越来越远，几乎成了一个儒家的信徒。他的座右铭是："国有道，贫且贱者耻也；国无道，富且贵者耻也。"这便是儒家的格言。

耿直而坚硬的人格，成了黄省堂毕生的追求。这是作为公共租界的鼓浪屿所给予黄省堂的赠品。

13

工部局成立于1902年，其实在那之前鼓浪屿已经是个万国租界了。英、德、美、日、意、法、丹、荷等国的领事馆比比皆是，他们先后统治了一百多年。由于这样的历史，鼓浪屿生成了它的特殊的性格。它既吸取了现代文明的营养，建立了国内最早的教堂，医院，新式的运动场、书院和幼稚园等，同时它也坚守着祖国传统的文明。在这里，诗社、书塾、道宫和佛寺都很兴盛。鼓浪屿从来不曾被改变到全盘西化的地步,它不是十里洋场,也不是冒险家的乐园。这也许和它所拥有的自然风光和历史风云都有关联。雄阔的风景和威严的历史造就出了鼓浪屿人的自由而刚强的性格,实际上是一种西风华骨。

在工部局遗址游戏的笔者的妻子和女儿们

最早的工部局遗址现在已成了废墟,几年前还是荒草一片,后来人们将它清理了一下,做成了一个小小的废墟公园,以供人凭吊。那里现在不过遗留着一道断了的门拱,还有一些石基、柱础之类,勉强凑成了一个粗具梗概的建筑平面。但是那里现在还是值得人们去走走的:有几棵古老的参天大树,应是当时历史的见证者。它们枝干盘屈,衬着蓝天皓月,很是苍劲;而眺望远处,则是波光粼粼的鹭江和高楼林立的厦门城市,在夕照中显得特别灿烂耀眼。但是,那里的风很大,游赏的人们不宜久留。

祖父自1909年起,在这里工作了十五年。这段时间虽然为他带来了一些社会地位和名誉,但总的说来,他的心情并不舒畅。因为工部局虽然说是鼓浪屿的市政机构,但实际上完全是为外国殖民者服务的。工部局的地址位于现在的鼓新路40号,在八卦楼还未建造的时候,它就是个制高点,面向大海,控制着和记码头。而和记码头在当时是个非比寻常的要害的地方。所有洋人的货物出入,包括早先臭名昭著的华工贩卖都在那里运作。而君临这一切的工部局拥有着强力的武装——由整队的印度兵组成的巡捕房。这主要是为了保护殖民者的权益和镇压可能反抗的当地华人而设置的。在这种情况下,祖父的心情就变得复杂了:一方面,他为着工部局在鼓浪屿市政建设方面的先进的成就感到骄傲,另一方面他又不得不作为一个华人而承受屈辱。他的民族自尊心使他无法成为一个买办,但同时他又向往着欧洲的先进的物质文明。这种双重性使他备受折磨,也促成了他思想的复杂性。他与旁人相比,太过于少年老成了,在往后的漫长日子里他经常表现出犹豫、退缩和抱朴守拙的人生态度。

工部局和我们家正好在一条斜坡的头尾,这条坡道,本地人都把它叫作斜马路。正规的路名却被改了好几次,祖父年轻时它叫和记路,因为有个和记洋行在那里;日本占领时期叫维新路,为的是改掉一切有关英美的标记,一直到我幼小的时候还是这么叫着;后来,大约在我读小学时更名为鼓新路,一直到现在,时间是最久的了。我们家是十三号,近乎坡底;工部局则是四十号,在坡顶。后来工部局又搬到现在鼓浪屿街道办事处那个地址,但是祖父每天仍然在这条斜马路上散步,他走了一生的道路大概就是这一条了。我父亲称之为"曲折的坡道",说它象征着我祖父和我们这个家族的命运。

门前的坡道

工部局旧址(1910年以前)

14

工部局这个名称很奇怪,好像是专搞基建的。其实应将它称为市政厅才是合理的(它的英文名称是 Municipal Council),但是在晚清没有这样的机构,全国各地的行政单位都还是叫作"衙门",鼓浪屿算是非常先进的了。鼓浪屿风光虽好,但整个居住社区的状态不是自然形成的,而是规划而成的,这就得归功于工部局这样的组织了。所以工部局也的确像是搞基建的,一切规划和管理都是它的重要的职责。工部局的规章在这方面特别仔细,先是关于道路的铺设,其次是关于水电工程,接着就是大规模建造房屋了。关于建房的章程也规划得非常仔细,任何房子在建造之前必须先挖掘水井,并且建造蓄水池,当时岛上是还没有自来水供应的,因此居民必须自行解决淡水的需求。我们家的房子前面还遗留着当时的水井和蓄水池,就是按照工部局的章程来实施的。鼓浪屿现在还遗留有许多大井,光是中华路上就有两处四眼大井,那也是工部局为解决公共用水而打造的设施。顺便说一下,本来鼓浪屿的水井文化是足可以称道的,各式各样的古井随处可见,而近来的建设者不了解这是一个难得的文化景观,把大部分的古井都填平了,这是非常遗憾的。总而言之,在工部局的管理下,鼓浪屿在短时间内从一个荒岛变成了一个先进的社区,工部局的作用的确使世人为之赞叹。

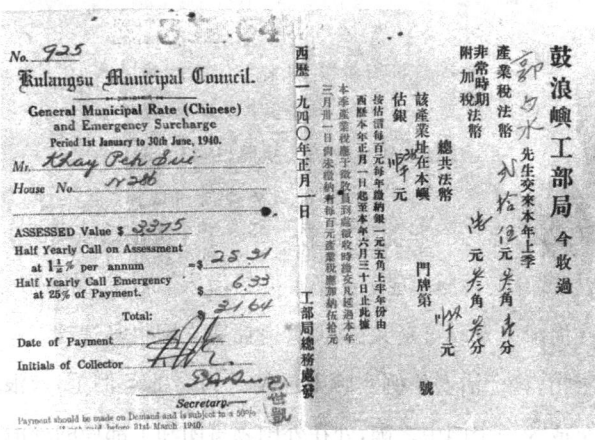

工部局收税凭证(1940.1.1)

工部局招标公告(1942.1.9)

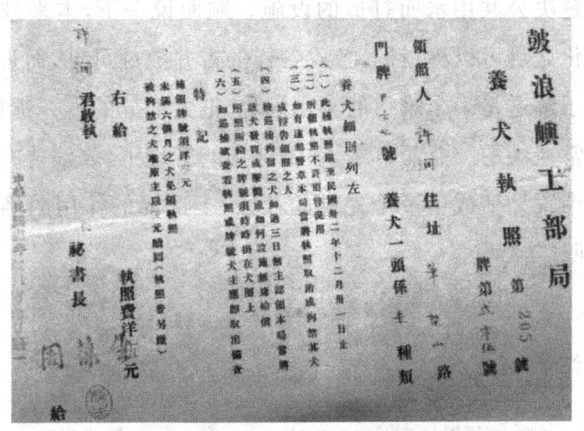

工部局颁发的养犬执照(1943.5.3)

鼓浪屿工部局的职能上很重要的一点,就是治安管理,不仅是岛上的内部治安,更要防着外部人员的渗入。其章程的第一条,就是只要在海滩上发现可疑人员,便着巡捕房立即将其逮捕。从这一点便可以看出,这个治安条例实际上已经是边防的条例了,鼓浪屿已经完完全全成为一个国中之国,处在外国领事团和工部局的统治之下。

前面我还提到过鼓浪屿虽然为租界,却不是一个全盘西化的地方,因为居民的主体仍是华人,他们的生活,他们的风俗习惯,他们的宗教信仰和文化传统,构成了这个社区的人文基础。因此工部局也就必然有它的特殊的职责,除了协调列强的生活秩序之外,更要协调本土百姓与外国势力之间的关系,因此工部局使用华人雇员乃至华人董事就是不可避免的了。

说到华人董事,起先还是由清政府派出人员担任,但是不久就遭到外国领事团的拒绝。工部局自行聘任的华人董事,形同虚设,没有任何的权力。此时鼓浪屿已经是外国人统治的独立王国,中国政府的力量被完全切割,而所谓的华人董事也已经不是政府官员而是社会名流来充当,有名无实,无事可董了。设置华人董事虽说是为了协调华洋的关系,但实际上并无这样的功能。因为工部局的一切章程和规定都只站在洋人的立场来制定,华人除了被统治之外并没有什么政治权利。所以说,华人董事形同虚设,根本不用出头露面。据说林菽庄当了那么多届的华人董事,只参加过一次会,由此可知华人董事的设置对于鼓浪屿上的中国人并没有什么帮助。我祖父担任华人董事的时候是在风雨飘摇的1937年,那个时候他早就已经离开工部局,不在那里上班了。

祖父初到工部局上班的时候是做秘书,所做的是文字工作,打字、翻译、起草文件等,实际上是辅助当时身为工部局董事会主席的洪显理,做他的帮手。后来华人雇员越来越多了,祖父就成为领班。他当时还负责鼓浪屿的治安管理,我认识一个当时在祖父手下工作的巡捕,他生前住在番仔墓口附近,祖父曾经把祖母陪嫁的一个丫鬟(我们叫她四季姑)介绍做他的妻子;还有一个印度巡捕直接就在我家的副楼租住着,祖父说每当午饭的时候,他的窗口总是飘出极为诱人的咖喱茄子的香味,令祖父垂涎欲滴,但是他却不敢去尝一口,据说是辣的像在嘴里爆炸一样。

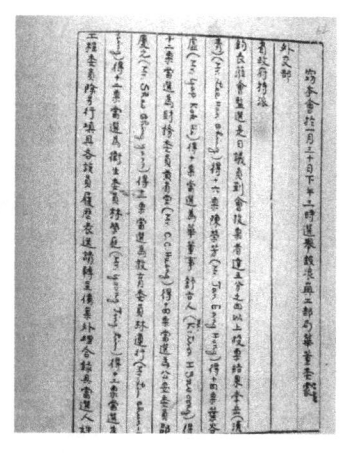

黄省堂当选为工部局公安委员(1937.2.8)

看样子,祖父在工部局上班时,能力不小,可是他极为节制。后来成为他的岳父的文圃茶庄的杨幼庭先生,为了女儿的婚事曾经亲自到工部局来调查他。但据说上到董事长下到看门人,没有一个人对黄省堂的个人品性有任何的批评。我父亲将此归功为中国的儒家精神与英国绅士教育的双重功效,即使是在现代的社会中,祖父仍可以称得上是人品正直的模范,即使在此之外一无所成,人生亦当可以满足。

祖父在工部局一干就是十五年,走的时候却是两袖清风。而他的继任者不到三年,就盖了两幢洋楼。我奶奶嘲笑着说,工部局不说是个清水衙门吗?为什么在人家那里就那么能发财呢?祖父叹叹气说:"素富贵行我富贵,素贫贱行我贫贱。命运被突然地改变有时也未必是个好事呢,我为人处世只以平安为终极追求啊。"这些话,祖父这辈子反反复复地说,我的父亲也极认同,我本人也极认同。难怪我们家族永远都不能发达——哪有三代人一脉相承地传递着这样迂腐的信念的呢?

第四章

婚　姻

15

公元1916年,祖父黄省堂与祖母杨秀绵结婚,这是一例门不当户不对的婚姻。杨家是一户官商家庭,祖母的祖父叫杨文圃,在清朝末年专做出口英美等国的茶叶生意,他们的商号就叫作"文圃茶庄"。武夷的茶山有一大片就是他们家的。由于生意兴隆,发了大财,就出钱捐了一个官职,叫作"通奉大夫"。厦门二十四崎上有一处地名叫作"通奉第",也有叫作"户部"的,就是他们家的大宅院。其第二代当家的是"文圃大舍"杨砚农,他在当时是个出了名的花花公子:嗜好鸦片,骨瘦如柴,挥金如土,纵情享乐,为人也比较慷慨好施,总体上名声还不错。我曾经认识一位九十多岁的做通草花的手工艺人陈祥义,他就和文圃大舍很熟,他说有一次文圃大舍做寿,有个穷人只送了两块钱,而他竟以一担红圆做回礼,出手的确很阔绰;而他的弟弟"文圃三舍"杨幼庭在这一点上与他的大哥截然相反。三舍虽然也嗜好鸦片,却没有那种耸肩驼背的模样。他身材肥胖,和善老实,但比较吝啬,他的吝啬是出了名的。但是,他的吝啬也有例外,就是不遗余力地宠爱着他的长女,那个在婴儿时就失去了母亲的女儿——我的祖母。

祖母杨秀绵

祖母比祖父小四岁,属羊,她的生日正好是在中秋节那天,算命先生说她的命是很好的。她从小被父亲视为掌上明珠,整日带在身边。但是杨幼庭先生可谓是父爱无方,有时竟然把自己戴的深度近视眼镜也拿来让女儿戴着玩,有时拿自己抽的纸烟也让女儿抽一口玩,完全是一种昏头昏脑的溺爱。不过溺爱也有好处,当女孩子长到三四岁,要被缠足的时候,他一听到女儿的哭喊声受不了,就立马停止了。别人劝他说女孩子不缠足会惹人耻笑,将来嫁不出去。他却说:"我们家的钱可以养女儿一辈子,嫁不了人有什么关系!"就这样我奶奶成了个天足派,在那个时代里是少有的。

当女儿长到了出嫁的年龄,来提亲的人不少,竟然都不在乎那双大脚板。这些人大多是地主和富商。可是,我这位外曾祖父在此时却显出了他从未有过的英明和眼光,他再次强调女婿一定要有好人品,他只在乎这个,其他的条件如家境、钱财、地位、声望等等则一概不问。就这样,他推掉了所有来提亲的人,亲自出马四处探听,看看哪里有好青年,就像是在求贤纳士一般。他不知道从哪里听说了黄省堂这个人,便亲自过海到鼓浪屿工部局来调查。他不但向高层的领袖董事询问，也向许多同事询问，甚至向门房和役夫询问，看看人们对这个黄省堂有什么评价。为了女儿的幸福，一个昏庸的富豪突然变成踏实而精明的实干家。当他打听清楚之后，认为这个从上头到仆役都交口称赞的黄省堂可以当他的乘龙快婿，就主动派人到寒门来提亲了。这事轰动了整个社区。老人家的做事方式虽说有些离谱，但究竟佩服他的人也很多，人们认为这个昏庸而吝啬的"猪仔议员"（杨幼庭担任过民国参议员，曾坐着轿子到北京去选举曹锟做大总统，故有此绰号）。一生之中，唯有此事体现了一个真正的父亲所应有的爱心和责任，总而言之是出人意料的事。

我实在无法揣测祖父当时的心情，当二十个大红漆皮箱的嫁妆送进家门，他才发现家中无处容纳，赶紧向隔壁邻居租下了一个院落（那房子现在也还完好，虽不如我家的大厝工整，但也是厅、房、廊、井一律齐备的）。我祖父祖母就匆匆地在这租屋中成亲了。那一年祖父二十七岁，祖母二十三岁。按照当时的风俗，祖母出嫁的年纪确实是偏大了一点，可是众人都说杨家小姐嫁给一个老丈夫，可见黄省堂的面容当时是有多么显老，就是一个劳累之相。

二十箱嫁妆先行，然后就是正式迎娶新娘了。祖父想，新租来的房子已经布置停当，尽够他在这里建立美满的小家庭，尽够他好好地安置妻子，生儿育女，开创事业，享受人生了。可还有些没料到的事呢：当迎亲的鞭炮硝烟散尽，首先出现在他眼前的竟是伴随着花轿而来的四个陪嫁的婢女！

新婚的黄省堂深陷苦闷之中。没过几天，婢女们就不停撺掇着我祖母："回娘家！回娘家！回到娘家的大洋房里住去吧！"这间又拥挤又简陋的平屋连婢女都接受不了呀。可是我的祖母似乎还不能区别房子的大小优劣，也许她对祖父一见钟情？也许她本来就巴望着能离开她家的大宅院？这些我当然也无从猜测，我的母亲曾对我说:"你奶奶与我是不一样的人,她的信条就是嫁鸡随鸡、嫁狗随狗,没什么欲望,也容易满足,这样的人是不太会受伤害的。"

新娘是安顿了,婢女们怎么办,本来按照本地古老的风俗,那四个陪嫁是要作为小妾一并娶了的。这当然与我祖父的道德观不相容,为此他说服妻子,把她们都遣散了。后来,四个人都作为黄家的女儿堂堂正正地嫁人,祖父亲自为她们挑选夫婿,陪送嫁妆,她们是很感激的。后来她们都常来看望我的祖母,其中有一个我们叫四季姑的,与祖母最亲近。在我出生的时候,还是她把我从医院抱回家里来的呢!我母亲说,她抱着我,喜气洋洋的,鬓角上还戴了一朵小红花呢。

16

索性在这里花一点篇幅介绍一下杨家。

杨家的府邸在厦门鹭江边的二十四崎上,是在坡顶,那个时候是可以俯瞰着厦门古城的,号称"通奉第"。前面说过了,这是因为祖上捐了"通奉大夫"这么一个官,也不知是四品还是五品,总而言之,官衔挺大的。但是这一家向来不会从政,也不会读书,只是做茶叶的生意。他们家出品的武夷岩茶名气很大,叫小种。其中最好的是色种。现在流行于闽南一带的紫砂壶"小种罐",也就是宜兴出品的只受半升的小型水平壶,就是专门冲泡他们家茶叶的特殊茶器。他们主要的经营是出口英国和美国。但是到了民国初年,他们家就开始没落了。有人说是他们为了扩大销售而以次充好,弄坏了自己的招牌。这是不对的,我至今还没见过哪位茶商是倒在以次充好这上头。"文圃茶行"的两位著名的鉴定师,解放后就在商检处工作,二人都是十分严谨的人。因为我的叔叔和姑姑都在商检处工作,所以我有机会窥看他们鉴定茶叶的过程:二人对坐,先将要品评的茶依次用盖杯冲好,抿一口含在嘴里几秒钟,随即吐掉,写下评语,然后是第二杯……到一轮完毕,二人将评语对照,若有出入,再重新评过。有这样的鉴定师在,要出品劣等茶叶是不太可能的。

文圃茶行的商标(1890年代)

文圃茶行的倒闭实起于内部的纷争。杨文圃去世后,他们的产业由两个儿子文圃大舍和文圃三舍轮流执掌,两家互相倾轧,严重地分裂了企业,这是谁都经受不起的。三舍,就是我的外曾祖父,他虽然对大女儿很尽心,可除此之外,一切昏庸,这个人虽从来不纳妾,但他娶的妻子往往过门不久就死了,竟是个克妻的命。虽然这样,每一任妻子都给他买了一大堆儿子,既不好好教育也不甚疼爱,只为了争家产,一个个都学坏了。外曾祖父自己所爱的只有家里的一猫一狗,每天吃饭时由它们陪伴左右。到最后,他娶了自己家的丫鬟做妻子,才活得久些,而且在他的晚年,这位妻子竟然为他生了一个女儿和三个儿子。男孩的年纪比我父亲大不了几岁,我父亲却要叫他们七舅、八舅和九舅。

我的父亲曾说,假如他想要写小说的话,一定以杨家为素材,那里的故事就像红楼梦那么精彩!那个大宅院,父亲从小就害怕进去,他说无论是建筑还是树木、假山、池塘都像是有怨魂缠绕一样,整个让人感觉阴森恐怖。那里的人也都怪异,外祖母则从头到尾面无表情。而且不管你的眼睛转向哪里,似乎都能感到有许多不为人知的秘密。父亲当时年纪小,气质虚弱,所以对那种阴气特别敏感,很容易为之窒息。我的四姑则告诉我,她一进外祖父家就马上感到非常饥饿,我想也许她害怕得胃部痉挛了。

外曾祖父杨幼庭死于公元1936年,出殡那天晚上,他的几个儿子持枪抢劫了他们的继母。那天,半夜里电话声惊醒了祖父祖母,两个人听闻此事都瞠目结舌!这样的一个家庭发生了这样的一桩丑闻,轰动了整个厦门城,余波经久不息。事实上,他们的继母早有防备,已经将最重要的财宝转移到她亲生的女儿——我父亲的四姨家中。此外还有一本金叶,秘藏在卧室里,谁也找不到,她想。果然几声枪响之后,兄弟们空手而回,只落得个丧心病狂的骂名。然而当风波过后,老太太来到她亲闺女家中取箱子,不料钥匙一打开她就立刻昏过去了——箱子里空空如也。四姨婆则指天发誓说她动都没动过那只箱子,意思是本来就是个空的。不久之后四姨婆就偕丈夫到香港,据说他们一去就发财了。老太太经历了致命的一击,但这还不是最后的打击。当她回到自己的家,马上发现卧室里秘藏的那本金叶子竟也不翼而飞,连同她的贴身丫鬟。直到很久之后,有传言说这个丫鬟已经嫁给了杨家的三少爷,一个脸上长满痘坑的养子。但不知那本金叶可在他们手里?一个富豪家庭就是这样彻底地败落了。

故事的结局是老太太永远离开了通奉第,来到鼓浪屿,开了一家卖春卷的小铺子。三个儿子年纪都小,我祖父推荐他们到英华中学读书,并为他们申请了学费减免。杨家的长房长孙杨光兴,因经受不了叔父们的迫害要去投海自尽,幸而被一个钓鱼的老人救起。那老人也姓黄,住在鼓浪屿内厝澳,是我们的本家,他的职业是做建筑的。老人知道了杨光兴的身世,劝导他"留得青山在,不怕没柴烧",要爱惜自己的生命。后来他就暂住在那老人家中,后来就与老人的女儿阿琴恋爱结婚了。再后来,他们夫妻就专做回收废品的行当。因为他识得古董,常有意外收获。我祖母在世时,他们夫妻经常过来问候这位大姑妈,我也认识他们俩,看上去很幸福。"文革"过后,他们也到香港去了。

杨家的故事,我所听说的就这些。

几年前有一位在贸发委工作的朋友让我带一位港商到鼓浪屿走走,当他走到过去的电灯公司门口时,告诉我他的姑父就是这里的经理。我心中暗笑:这骗子骗到本人头上了,就不免盘问了几句,没想到他并没有胡说:他就是我的亲戚,他是我外曾祖父杨幼庭晚年生下的第八个儿子的儿子,他的父亲很会跳交际舞,我要叫八舅公。

外曾祖杨幼庭

二十四崎通奉第杨家遗址

杨文圃家之大舍、三舍和四舍

17

我的祖母杨秀绵的名字,是出嫁后婆婆给取的,她做女孩时的名字已经没有人记得,就是说结婚五十多年来竟没有人去回忆她的青年时代。在当时,一个女人一旦出嫁,就完完全全与原来的自己告别了,想想这实在是不人道。可是我祖母被教化成了一个非常贤惠的女子,在家从父,出嫁从夫,夫死从子;非但从子,连女儿也从着,她已经没有什么个人意志了。我们家的房产是在她的名下的,可她的四女儿说:"解放了,私产要充公,咱们积极响应房改政策吧。"祖母就同意了,然后自己在房间里默默流泪;"文革"时,二女儿说:"现在正破四旧,咱们家的古董家具是不允许留的,咱们把它都卖了吧!"祖母也不说话,那些酸枝桌椅就这样被一件一件拆开卖了;媳妇要去北京,对她说:"家里的现金我要都带走,您要是缺钱花,这个大钻戒是你送我的见面礼,拿回去换钱吧!"祖母看着这个传家宝也不说话,默默地让保姆拿到银行去换了四百块钱,这在当时是多大一笔哪。她的晚年竟是个毫无主见的人,或者她并非无主见,只是没有人听她的意见罢了。

她过去可不是这样。在我父亲小时候,曾经问她:"我们住在新的楼房里,那过去的大厝不是还有属于我们的房间吗?""有的,西北角上的房间就是属于我们四房的。"祖母说。父亲很兴奋:"那我们把它要回来吧。"祖母的语气顿时变得非常严肃:"你是一个男孩子,可不能没有气量。一个男人要去想着多建房屋让别人住,而不是想着去占人家房子住!"这个严肃的教训让我父亲记了一辈子,祖母的见识和度量的确是高过那些庸俗之辈的。

祖母天天坐在三楼的西南方位的房间的西南窗下,我从未见她挪动过。她长年累月足不出户,天天跟女儿们待在一起闲聊,好像是挺有福气的样子。父亲说,她过去视力还好的时候,很爱看巴金的小说,特别是《家》《春》《秋》,读几遍都不厌倦。也许那些小说可以勾起她们旧家的一些往事吧,只有当无边无际的幻想缠绕着这些作品时,才有可能让她如此上瘾,不能自拔。

我的祖母与祖父感情甚笃,祖父是个情感非常细腻的人,祖母木讷一些。祖母受她父亲的遗传和影响,一是眼睛高度近视和散光;二是由于烟抽得很多,一辈子都在咳嗽。祖父每天晚上都要为她冲泡可可,悉心照顾。但是另一方面,祖父为了祖宗香火,却不断地让祖母生孩子。起先一连六胎,全是女儿。此时此刻,祖父的封建意识完全压倒了对妻子的爱护,甚至有一次当祖母要分娩的时候,他正急匆匆地从工部局赶回家,路上遇到他的小侄女,告诉他"四婶生了个小妹妹",我祖父一听,一下子就放慢了脚步,无精打采地回到家里。这时他的好朋友马亦篯先生给他出了一个主意:让他三哥过继给他一个儿子,他也接受了,这就是我的大伯父黄延庆。大伯住在新加坡,2020年4月才刚刚过世,终年九十七岁。虽然是过继的儿子,但他对我的祖母的孝心和我祖母对他的疼爱,似乎都超过了后来亲生的我的父亲和我的叔父。

现在回想我童年时跟祖母在一起的日子,有些情节还历历在目。她这一生为了要生个男孩而遭受了那么多的辛苦,而我的母亲头胎就是个男孩,因此祖母视我这个长孙如宝贝,摇篮就放在她卧室的床边。在我上幼儿园的时候,她教给我许多童谣,那种古老的童谣如今恐怕也已经失传了吧,但我到今天还都记得,念起来真的是非常有趣。我还记得她经常抚摸我的皮肤说:"你这孩子身体非常好,夏天的皮肤这样冰凉,冬天却暖烘烘的。"家里的人都毫不怀疑祖母定能长寿,因为她的性格太好,做人也很仁慈,她说:"我小时候看过命,能活到八十岁。"但是没想到"文革"一爆发,整个环境变得风声鹤唳,她天天胆战心惊,所以就在两派大武斗的前夕,得了肺炎死了。终年才七十二岁。她临终前突然交代说,遗体要赶紧出殡火化,否则厦鼓渡船会随时停航,怕尸体多放两天会发臭。所以父亲决定第二天就出殡。到第三天,厦鼓的渡轮果然因革联和促联的武斗而停航了。

出殡当天,在正午的日照之下,我和我父亲并排走着,紧跟在棺材后面,我们身后只有零零星星的几个亲戚组成的送葬队伍。这一切和十年前祖父的豪华出殡恰成强烈的对比。我们一路沉默着走到黄家渡,父亲和叔叔送棺过海,我则抱着遗像回家,摆放在供桌上。我突然想让自己和祖母的遗照单独待一会儿,就把门反锁了。独自一人爬在一张镜桌上面,摆弄着祖母的座钟,祖母在世时每天必做的事就是为了上发条,要拨一遍座钟上的指针,听一遍所有的报时钟声,这事对我有着很大的吸引力,可是这钟我是不能去碰的。现在祖母死了,钟也停走了好几天,我重新拨动发条,一点、一点半、二点、二点半……钟声依次响着,不知不觉过了整整一下午。听到有人敲门我也不应。忽然抬头看到我的所有的姑姑的脸都贴在窗玻璃上在窥探我,六格玻璃窗六张脸,全部挤压成平面,像摊开的饼,当时把我唬得魂飞魄散。那是我九岁时候的事情。

我和祖母(1958年)

18

祖父黄省堂结婚时恰好是进入工部局的第十个年头,这是他最为意气风发的年代,生活为他提供了无限前景。但是,他对自己还不太了解,在此后的十年间,他的诸多尝试和坎坷的经历都一一展开了。

杨幼庭之所以选择黄省堂当他的女婿,是有多方考虑的。聪明、正直和贫穷,是他当选的三大要素。就像马克吐温的《百万英镑》里的那个亨利。杨家不仅是要一位正直而懂得感恩的女婿,他们还想得到一位聪明的经营人才,以振兴他们业已衰弱的家族企业。

我的祖父虽有领袖才能但缺少实干经验,他不加思索地答应了岳父的建议,当起了文圃茶行的经理。没想到才几天,就受到大房股东的猛烈攻击,说这是三房想要吞并整个家业的阴谋。我祖父正想反击,被他的大舅子,那个麻脸的三少爷拦住了。三少爷说:"姑爷你有所不知,我们的家业实际上已经败尽。各房头虽然还富裕,但是公司却已经被抽干了,仙都没救。我看你还是算了吧,咱们让给大房去干,等到发现亏空了,就去法院告他。"这一席话说得我祖父脊背发冷:杨家的浑水是绝不能去蹚了。他当时就坚决抽身而返,并且告诉我祖母:今后咱们家在任何情况下都不去干预杨家的是非,除了亲情,一切关系都切割了。就这样,祖父依然留在工部局。只有在每年的七八月份,把老丈人接到鼓浪屿来避暑,至于杨家的其他事情就再也不去操心了。

祖母刚过门的时候,就用自己陪嫁的钱在老宅后面买了一大块地,祖父先在那块地的边角上盖起了一幢双层的白色小楼,就是现在的鼓新路11号,夫妻俩离开了那间租来的平屋,搬到小楼里生活。他们就在那里生下了我的大姑、二姑、三姑和四姑,这可以说是祖父家庭第一期的情形。

黄家小楼

祖父一家，后排：祖父祖母，前排左起：大姑彩凤、二姑彩峰、四姑彩芹、三姑彩菊、一个本家的女儿阿琴（1923年）

第五章

黄奕住

19

祖父在工部局的时候,与黄奕住相识。起先是工作的关系,当时因为黄奕住想要收购日本人办的电话公司,工部局做了一些沟通协调的事情。而我祖父对这件事大为称赞,对黄奕住的强烈的家乡观念和民族意识非常钦佩,认为鼓浪屿上其他的富豪们都无如黄奕住的见地。

黄奕住

黄省堂和黄奕住都深深了解殖民地人民的苦痛心情。黄奕住之所以在当时以如此大的热情投资国内，甚至多次被北洋政府授予奖章，除了爱国爱乡的天然情感外，实是出于对统治印尼的荷兰殖民者的压迫感到义愤。那种赤裸裸的掠夺，黄奕住难以忍受，才转入国内的事业，这在他自己撰写的大事记里表达得清清楚楚。而黄省堂，如前文所说，在万国租界的鼓浪屿上也看穿了殖民者掠夺的本性和阴险的手段，所以他与黄奕住尽管贫富悬殊，年龄差异较大，但是终成莫逆之交。

黄奕住请辞工部局华董函件(1926.1.8)

黄奕住虽然深知黄省堂，但其在世时始终没有让黄省堂为之工作。赵德馨的《黄奕住传》尽管是一本写得非常翔实、搜集了多方资料的书，但其中有一点错误：他说黄奕住将自己的大管家黄省堂安插进工部局华董的位置，这非但不是事实，也违背了黄奕住为人处世的原则。黄奕住自己出任董事会副主席，也是全然为了公益，与私利无关的举措，又怎会做出为自己安插亲信入官府这样的事！

黄省堂对黄奕住的评价，第一条就是看人极准，用人极当。他生前从不用我祖父，因为我祖父的确不是个做生意的料。虽然与之三观接近，可以交心，但黄奕住要用的人可是要有胆略的。我祖父说，有个宁波人就深得他的信任。而我祖父为黄奕住家工作是在他死后，先是到上海去为他们家主持分遗产，然后才担任了聚德堂的经理，管理黄奕住家的一些不动产业。我祖父同时还兼任了鼓浪屿自来水公司的经理，那也是黄奕住家的产业。而在黄奕住生前，他们倒是没有这种雇佣关系。即便如此，黄奕住依然最信任黄省堂，有时候一些私人的烦恼，甚至是家务事的烦恼，如母子情感、父子关系之类也都跟他倾诉。有一次，因为黄奕住的长子黄钦书吸食鸦片，做父亲的一怒之下将他逐出家门，并且登报宣布脱离父子关系。那段时间，黄钦书就暂住我们家的二楼，后来我祖父慢慢宽慰黄奕住，请求他以父子感情为重，给下一代以机会奋斗，终于弥合了他们父子的嫌隙。

黄奕住在黄省堂困难的时候非常慷慨地支持过他。我们家的这幢楼房，就是由黄奕住先垫资建造的。

事情的经过是这样：某一天的晚上，黄奕住出门散步，沿着工部局这条坡道走下来，看到了一块空地，感觉风水非常好。他当时有些心动，就问这地的主人是谁？人们告诉他这是黄省堂的地，他一听，立刻就来到祖父的家里。当时黄省堂的家人已经睡了，他一个人在灯下看书，他惊讶地看着不期而至的客人，而黄奕住则开门见山地谈起那一块空地。黄奕住说："那么好的一块地为什么不造房子而留给野狗去拉屎？"我祖父就把他的顾虑说出来了："我也知道这是一块很好的宅基地，只不过要是建造一幢小房子，则太可惜了；如果要造大房子，我哪来的那么多钱？"黄奕住说："这就是我今晚来的目的，要说服你把楼房建起来。钱不够的话就先到我的日兴钱庄支取，什么时候还都可以的，不收利息。"黄奕住还接着说："我一生庇荫的人太多了，还不曾帮助到你，所以你还是把楼房盖起来吧，帮助你也是我的心愿。"

借黄奕住的钱盖了房子，这债务一直横亘在我祖父心上。虽然黄奕住绝不会催他还钱，可是我祖父却很害怕赖账。他思来想去，仅靠着工部局的薪金要还钱怕是遥遥无期，还得另谋出路。结果是，黄省堂向工部局辞职了。他也要下南洋去谋生，寻找赚钱的机会，他选择了菲律宾。

当黄省堂到达菲律宾时，又一件意料不到的事情发生了。当地的报纸报道：鼓浪屿工部局秘书黄省堂先生到达菲律宾来游历。结果，为了顾全面子，黄省堂真的就在菲律宾游历了一圈，因而放弃了工作谋生的念头。这里的细节下文还会再提到。可是从这一点已经可以看出他真的就不是个生意人：原本想来赚钱的，结果又成了花钱了。好在他的妻子结婚时的陪嫁丰厚，替他付了旅费，义索性替他把黄奕住的钱也给还了。所以我们的楼房的产权始终就是在我祖母杨秀绵的名下。

黄奕住创办了中南银行后，就到上海去了。后来，抗日战争全面爆发，他就一直被阻隔在上海，直到去世。他立了一个遗嘱，要黄省堂去为他主持分割遗产："即使因战争期间交通断绝，也要等他十年。"所以我祖父在1945年抗日战争一结束，就立刻到上海去完成他的使命。然后，他又带着黄奕住的灵柩，回到鼓浪屿来安葬，他们的情谊可谓是善始善终了。

《黄奕住传》书影

聚德堂(黄家花园中楼),1920年代建于晃岩路

第六章

新 居

20

祖父于公元1925年着手建筑他的新房子,第二年便落成了,这是一幢三层红砖楼房,面阔五间,楼房前还有上下两级的花园,当时对我们这样的家庭而言就是个极其漂亮的豪宅了。

黄省堂住宅(1925年建造)

楼房竣工后，全家兴高采烈地住到二楼，一楼和三楼则临时租给了别人。二楼的装饰部件的确比一楼和三楼高级一些，可见一开始就是盘算着主人要在二楼居住的。后来三楼的租户搬走了，临走前特地告诉我祖父："三楼的风景实在好，你们一定要搬到三楼来住。"虽然每天挑水很麻烦（那个时候鼓浪屿还没有普及自来水），我祖父还是将整个家搬到三楼居住，一直到他去世没有再变动过。

后厅窗外八卦楼暮景

登上三楼看风景，是一种享受。西南边耸立着日光岩，看过去一览无余。已故山水画家，我的老师张晓寒一生画了无数张日光岩的风景，他就说过从我家看日光岩的角度是最美的，既不太险要，也不太平缓，孤峰独耸、绿树如浮，尤其在夕阳西下时，衬着满天霞彩，真是个令人神往的景色。日光岩的旁边是鸡母山，往下看是基督教的三一堂，是鼓浪屿有名的建筑；再往西北看是高高的观彩楼的剪影；东北向是八卦楼，一个罗马式的巨大的穹顶突显在深碧的天空下。最美的是夏季傍晚或黎明时分，那简直就是一幅印象派的油画；往东边看去是一带长长的鹭江，对面是厦门城和连绵不断的群山。日本诗人佐藤春夫曾写下一篇《鹭江月明》的游记，说黄昏时看到一带淡红的云霞远远地流向东边，而在夕阳的照耀下，五老峰刻下了深深的荷叶皱的影子。我少年时学习日语，读过这篇文章，当时一看就笑了，的确写得很真实，这样的景致我可是经常看见的。月出，是我们家最为醉人的美景，我无法形容。无论夏空初生的泛红的淡月，还是冬夜里光芒耀眼的皓月；无论是春宵薄雾中的朦胧月色，还是秋风里巨大的月晕，都是那样美妙。甚至就在今晚，西北天际的月牙儿被红云衬托着，也是无比动人的景致。

　　古诗云"人生代代无穷已，江月年年只相似"，我们这座近百年的老宅已经演绎了多少人生！但我想自然风光应依旧还是那样的吧？以上的写实的文字所反映的，应该也是我祖父祖母和我的父亲母亲眼中的模样吧？

第六章 新居

从三楼眺望日光岩

从一楼先进入门洞

21

当鼓新路新楼房落成的时候,祖父黄省堂突然从曾厝垵邀请了许多曾氏的亲戚过来观礼,他们都是些贫苦农民和讨小海的渔民,来到这里是为了参加一个郑重的仪式:在我们新家的大厅里安放曾氏的祖宗牌位的仪式。那张大供桌现在还留在家里,有二米多长,可是它的四条腿却被锯掉了一半,这是"文革"时破四旧运动的证物,因为当时有人说,如果不锯掉,它就要被当作"四旧"来没收,锯成矮榻就算是实用的家具,可以留下了。我还记得小时候看到的高高供案上摆着两个大大的公婆龛,一边供奉着黄家的祖宗,另一边供奉着曾家的祖宗。我的祖父本来字守曾,他一身延续着曾、黄两个姓氏的香火。现在那公婆龛也还在,但里面的祖宗牌在"文革"初起时就被烧了。那个沉重的龛也不能像桌椅家具一样可以卖掉,因此只得留着,放在厨房的地上装杂物。当时的供案上还有一个金漆的哪吒像,非常精美的,也跟祖宗牌一起被街道的红卫兵抄走烧掉了。

曾氏的祖灵入驻黄省堂的新居后,曾厝垵的亲戚们都兴高采烈。我父亲对我说,这个落成典礼太好了,比如今时兴的那种客套的花篮有价值得多。

当曾氏的祖宗牌进驻时,黄省堂却当上了鼓浪屿黄氏家族的族长。鼓浪屿的黄氏有大小宗之分,我祖父属于大宗,祠堂就在内厝沃;小宗则是在日光岩下。大小宗祠各自管理着自己范围内的事务,一般互不干涉,但在大事情上面,大宗的族长的意见似乎更有影响力一些。

1925年,日光岩下的黄氏小宗发生了一件事,某人正要谋取族长的职权,可是这人本来品行就不太好,又整天吸食鸦片,因此,大宗这头便出面阻止了他的任职。没想到这个人正为这点事而怀恨在心,竟买通了一个同安人做杀手来刺杀大宗的族长黄省堂。那天祖父正走在安海路上要去工部局上班,才刚走到菜园仔,那杀手便冲出来连打了三枪,三枪俱中胸部,祖父当即不省人事。这事情突如其来,毫无预兆,家里人都认为这下必死无疑了,正慌乱之际,救世医院的医师竟奇迹般地救活了我祖父。我祖母说,当时还有许多人——认识的和不认识的,都为他焚香祷告呢。

祖父侥幸躲过一死,却无论如何也想不起谁要害他。他手下的巡捕们也尽力侦探,可是一点线索也找不到。祖父甚至以为人家杀错人了。没想到二十年后,这位买凶的谋主临死前忽然良心不安,让人请祖父前去,听他当面忏悔,说出了真相。这个事情过去那么久了,祖父已不甚在意,而那恶人却受到了折磨,祖父当即原谅了他。那人流着眼泪感谢祖父,还说他临死最放不下的是他的不成才的儿子,无人照看,祖父竟然接受了他的临终所托,答应关照他的儿子。起先推荐他儿子到英华中学读书,实在读不下去了,便将他安置在自己任经理的电灯公司上班,解决了他的生计问题。

从这件事上可以看到黄省堂的胸襟肚量的确很宽大,他的仁爱和真切的同情心也令我崇敬,他宽宥了曾经差点要了自己性命的仇人,认可了他的忏悔,而这个作恶的凶犯在生命最后关口放下屠刀,选择了忏悔,并直面我的祖父,请求原谅,这一切都令人赞叹。神啊,这个事情真的可以引人深思!

然而,纵观祖父生命的全过程,就知道了这个暗杀事件,实是他命运的转折点。这事件改变了祖父的人生观,他一时心灰意冷了。过去那种要出人头地,直上青云的想法,就此荡然无存。他回想到在工部局的种种经历,所闻所见的既烦心又劳形的事件,使他不由自主地产生了无比厌倦的心情,他辞职了,而且从此念佛。

人生的路该如何走？新的起点在哪里？对于这一切他都很茫然，在这种茫然的情形之下，他鬼使神差地孤身来到菲律宾。

就这样离开新建的家园？就这样下南洋，漂泊到海外去谋生？这一切黄省堂显然没有想好，这不是一种进取的计划，而是突然生起的遁世的念头所致，我怀疑甚至从工部局辞职也不是他早设想好的计划。在身中三弹之后，我的祖父进入了人生最迷茫的时期。他到菲律宾有一个借口，是想赶快赚一点钱好还给他的朋友黄奕住，可是他明知道黄奕住在任何时候都不会催他还钱，他说无论如何，债务横亘在心里是很难受的事情，这当然是个理由，可是一定还有其他烦心的事情叠加在一起才足以使他告别妻儿远游他乡。至于如何去赚钱还债，他可是完全没有计划好的，所以到了菲律宾，他仍然无所适从。

前文提到菲律宾的报纸刊登了他的消息：鼓浪屿工部局秘书黄省堂于某月某日到达菲律宾游历，云云。看到这条消息，祖父更加茫然了：报纸如此报道，叫他如何再去求朋友找工作？他连忙拍电报回家，把情况说明了。我的祖母则高兴地为他汇去了钱票，让他将错就错，舒舒服服地在菲律宾游历了一番，又回鼓浪屿与家人团聚。

黄省堂基本上从此没再离开过家。他望着我祖母，他很依恋她，我从邻居和亲友的口中了解祖父是一个爱妻子、重感情的人，否则他要是坚持留在南洋的话，又何必在意报纸上的言论呢？这报纸终究成了黄省堂恋家的借口，他于是回来了，并没失去面子。可是黄奕住的债务怎么办？休说已经辞去了工部局的工作，即便不辞，靠那工资生活都勉强，如何有希望还债呢？这时，贤惠的祖母几乎将所有的陪嫁都变卖了。他们杨家的嫁妆也实在太多了，还了黄奕住的钱之后竟然还有多余的，后来我祖父又拿了一些去买古董、字画。

黄奕住告诉黄省堂："我了解你,当我借钱给你的时候就断定以你的为人是一定会还我钱的,但何必这么着急,我是故意不给你设期限,难道你不领我的情?"黄省堂回答："我只是怕自己晚上睡不着觉。"这哪儿像是个能赚钱的人呢?

父亲曾问过祖母："这些钱是你生活的保障,怎么一下子都让阿爸花了?"祖母回答："我是见过一辈子花不完的钱的,没见过守着钱的番客婶哪个是有福气的,福气只能是一家人团聚在一起。"

第七章

儿 女

祖父祖母和他们的九个子女(1935年)

22

黄省堂赋闲在家。他生活的中心就是在自己的新房子里。在这新房子里所做的事情,就是种花、养鸟、临摹字帖、学画山水、陪伴客人、泡茶聊天。当然,最重要的事就是照顾老婆孩子。在这里我先来回忆一下他的那一大群子女们。

祖父这个时候才三十七岁,却已经有了五个女儿和一个过继的儿子,一家人很和睦的。他的长女黄彩凤生于公元1917年,这时已经九岁了,她是所有女儿中长得最漂亮的。我的四姑曾对我说:"你大姑在读慈勤中学的时候,在上学和放学的路上总有人尾随盯着她看。"我真想不到鼓浪屿还有这等西西里岛的风情。可是,她虽然漂亮,祖母却不喜欢她。因为祖母在生她的时候难产,差点死了。又听一些神棍们说大姑与祖母命中相克,这些言论就造成了悲剧。当时祖父祖母将大姑寄养在别人家里,也是一个姓黄的本家,那家人把我大姑当个宝贝疼着,改名字为"美善"。一直到了长大成人,要谈婚论嫁的时候,提亲的人突然提出要她只能作为黄省堂的长女出嫁,夫家才肯接受。没法子,大姑只得恢复了原来的姓名黄彩凤,同时也恢复了我们家的身份。这使她的养父母一家大为不快,以后就不再联系了。

大姑在十七岁时嫁给了一个菲律宾华侨的儿子,名叫庄杰鹄,他还有另外一个名字叫庄芬殊。这个人比我大姑年长五岁,是一个革命者。他早年参加洪门,二战期间是菲律宾抗日锄奸义勇军的副总指挥,抗战胜利后他继续参加共产党组织的地下工作,1948年担任中国人民解放军福建文化服务团副团长,从香港经海陆丰回国,在闽粤赣边区打游击。这个人胆大心细,又很有文采,他和大姑结婚时正从上海暨南大学毕业。他一表人才,书法很美,又能演奏黑管。我祖父自然对他非常器重,祖父后来将我父亲托他照料,甚至允许父亲跟着他参加解放军,总之是非常信任他的。然而我大姑嫁给了这个人,生活的颠沛流离是不消说的了。她整天带着孩子东奔西跑,有时断了米粮还要去投靠亲戚。虽然如此,但大姑丈的地下活动也没有让妻子参与,他甚至让我的三姑帮助他传递秘密的情报,也没让大姑知晓。而大姑则整天打扮得漂漂亮亮的,正好做他们的掩护。解放后,大姑父担任了致公党的中央委员,还有其他一些要职,大姑则回到丈夫的老家泉州青阳。她为庄家生了十个子女,"文革"中,她的丈夫被关押了几年,她竟忧虑而死。她在临终的前几天,在恍惚中看到了我祖母去探望她。她教训最小的孩子:"你们跑到哪里去?刚才外婆来了,你们一个都不在!"没想到,我的大姑,在小时候缺失了母爱的大姑,临终的幻象竟还是她的母亲!可是,大姑死时,我的祖母也已经死了几年了,而其他的娘家人竟然也没有一个前去吊丧!那时候我父亲被关在学习班,几个姑姑都推托来推托去不肯前往,结果丧礼上一个娘家人也没有,这在泉州的风俗看来是很无礼的。这事使我大姑丈非常伤心。

黄家的六个女儿:后排左起:五姑彩鹤、二姑彩峰、大姑彩凤、四姑彩芹,前排左起:三姑彩菊、六姑彩玲(1949年)

23

二姑黄彩峰,生于公元1918年,是父母最钟爱的女儿。她十分聪明,弟弟妹妹们背诵古书,常由她来做监督,因此她在兄弟姐妹中特别有威信,大姐不在她就是老大了。大家直呼她"阿姐",而不是像其他人称"三姐""四姐""五姐"……抗日战争期间,家里生活困难,三姑四姑都去做工以补贴家用,而家务的重担则落在二姑身上。听父亲说,她很会烧菜,居然能把白萝卜和酱油煮的像红烧肉的口感,使家人在困苦中得一丝欢乐。

二姑爱上了一位叫作关翰权的青年,挺帅气的,在海关工作。他经常在家门口打个呼哨,二姑就出门去约会了。很快的,二姑结婚了,并随着关先生迁到内地,一直到抗战胜利之后才回到鼓浪屿的家里。当时我三姑原在一家日本人的株式会社上班,日本战败撤退,三姑得了一笔遣散费,她全部拿出来作为姐姐搬家的费用。二姑回到家里的时候,还带着一个长相可爱又很调皮的男孩,家中好久都没有幼儿了,祖父母非常喜欢。二姑在前后十二年间生了七个孩子,祖父的负担也越来越重了。1957年,祖父罹患了癌症,二姑丈只身去了香港,只留下二姑和七个孩子在家里。

祖父死后,二姑独自一人含辛茹苦地养育七个孩子,她所付出的比常人要多得多。二姑丈到了香港,就再也没有回来过。他在那个地方又娶了一个女人,还生了五个孩子,建立了新的家庭。虽然他每月还是寄些钱回来,但总是不太充裕。而二姑仍然痴等着与之相会,说起来真让人心酸。

"文革"时,二姑的五个子女,我的表哥表姐,同时成了下乡的知青。我看到二姑送他们到楼梯头,叮嘱着哥哥们要照顾好年纪不到十五岁的小弟弟,突然她的话哽住了,眼泪夺眶而出,是忍了好久的泪水。兄弟们却是兴高采烈地出门去了。

后来,二姑的孩子们大部分去了香港,留在厦门的也各自成家立业,生活的负担一下减轻了,但是由于长期不间断的劳累,二姑的身子也垮了。此时二姑父来信说准备回鼓浪屿看望她,她的早已冷却的心又重新燃起希望,她希望生活能有个好的结局!可是,二姑父又一次说变就变,他又断然地取消了回来的计划。这下,我二姑终于承受不住人生的最后的重击,没多久就死了。二姑过世的时间是公元1980年,终年62岁。在我见过的所有当母亲的女性中,从没像我二姑这样操心、这样劳累的,她竭尽全力地维护孩子,那么多的压力她都承受了。

24

三姑黄彩菊是我最亲密的长辈,她待我如母,我无比敬爱她。她诞生于公元1919年秋天,祖父见当时花园里菊花盛开,便拿来为她命名了。不知是否跟名字有关系,三姑一生特别热衷戏曲,从小就爱往戏园子跑,在家里就守着祖父小书房里的那个落地的大收音机听京戏。祖父和他的老朋友们经常考她:哪一出戏?什么角色?谁在演唱?她只听了几分钟就能正确地回答,她实在太聪慧了,长得也很漂亮,只是身子格外单薄,不如大姑的雍容。上海京戏名角小王虎臣来厦门演出,他的父亲是戏班班主,管理非常严格,不许他随意与人交往,但是他却跟我们家很要好。他们父子听了我三姑的唱腔,觉得大有希望成名,便想让三姑学戏。三姑更是激动不已,可是祖父的旧观念太强了,决不允许,当然只能作罢了。

按祖父的家规,读书的孩子是不许上戏园子的,但三姑还是偷偷地去,也不管芗戏、高甲戏、歌仔戏,什么戏她都爱看。她十岁的时候,我的父亲出生了。这是我祖母在生了六个女儿后的第一个儿子,全家人欢天喜地。三姑马上向祖父提出要求辍学,专职照顾弟弟,而祖父居然就同意了!三姑带着我父亲瞒着祖父逛戏园子,每次都叮嘱弟弟不要说出来。可是这怎么可能,男孩子一从戏园子里回来,便在家里舞刀弄棒,咚呛咚咚呛!一切就都露馅了。我父亲一辈子对戏曲也是情有独钟,据他说这全是受三姐的影响。

父亲经常下意识地哼着一首歌:"排成一字一行齐,飞来飞去不分离,好像我姐姐弟弟,相亲相爱手相携。"我去年通过我女儿的小学音乐课本才知道歌词原是"好像我哥哥弟弟",这才是咏叹大雁的歌曲。可我父亲就改成那样,可见在他的幸福模式里,就是姐姐弟弟的世界,也就是他和我三姑的情境。

三姑的青春时代不幸陷入一场阴谋,几乎毁了她的人生。当时祖父的三哥想把女儿嫁给有钱的郭某人,可又担心人家看不上,便提出让我三姑顶替去相亲,祖父竟然碍于兄弟情面而不能拒绝!结果,那人非常喜欢我三姑,在宴会上对她大献殷勤,也使我的三姑心动,当下婚姻就谈成了。等到花轿一到门,男方整个地跳了起来,这种李代桃僵的丑事人家当然不乐意,可是女方的父亲却拿着他的弟弟黄省堂的名头去压人家,结果男方委屈地接受了这桩诈骗婚姻。不仅如此,女方再接再厉地将小女儿也嫁给了对方的弟弟,这下子全面渗透进了这个有钱人的家庭,连丈母娘都搬过去住了。结婚之后,新郎的委屈,我祖父是明明知道的,无端地经常让他来家里坐坐。可祖父不知道的是我三姑的内心也起了波澜。她喜欢这男人,真是伤心透了。后来,这一家人都去了国外定居,再也没有回来。而我的三姑,却从此没有嫁人,终老在黄家了。还有我的四姑,也一生与三姑做伴,两姐妹终身不嫁人。想到这一切,我的祖父真的难辞其咎:一则禁止女儿学戏发展,二则允许女儿辍学,三则允许哥哥骗婚,四则无视女儿的心理。我父亲说祖父对三姑其实是非常疼爱的,经常下班回家时从兜里掏出一叠相亲的照片来为她谋划婚姻,怎奈女儿都不应允。他老人家的封建意识太强了,总说:"女儿长大了是别人家的,读不读书没关系。"这算哪门子爱呢?祖父要是稍微尽责些,像二姑、三姑这样的资质,肯定是胜过儿郎的呀!

1948年我父亲在香港参加了革命,将要回内地参加解放战争,消息传到祖父耳中,他紧张起来,担心儿子在战争中死去,所以非得制止不可了。谁能将我父亲劝住呢?只有三姑或许可以办到。于是,祖父祖母千叮咛万嘱咐,将三姑送上飞机。可是当她的双脚踏上香港,却非但不劝止我父亲,她自己也参加了地下的革命活动。在解放前夕,她往来香港厦门,随身携带秘密情报,由于她气定神闲,从来不出差错。这一点我父亲都非常佩服。为此,解放后组织上认为我三姑曾为革命做出贡献,要她去当干部,她却说自己身体不好,害怕开会,只选择了当个家庭妇女。就这样她一生也省了很多事。

三姑在白色恐怖下为大姐夫传递文件,在"文革"初期的破四旧恐怖中也为她的大弟弟藏匿古书。当时红卫兵来抄我父母的家,用大麻袋把书装走,因为书多,所以凡成套的书就只取一本,使之残缺,当时我父亲就把最心爱的几部书交给三姑,三姑神不知鬼不觉地把它藏在鸡窝里,连家里的佣人都不知道。父亲说,家里的兄弟姐妹就数她的胆子最大了。这些事都是得提着脑袋干的。

1958年我出生了,一离了娘胎,就到了三姑的怀抱。父母亲因为忙,就把我托付给她,她为我请了奶妈,还亲自带奶妈去体检,为奶妈安排营养餐,事事都做得非常细致。她就像母亲一样把全部的爱倾注给我。有时为了向海外亲戚要求寄一罐奶粉,有时为了向我妈妈要求为我做件新衣服,都搞得对方不太愉快。母亲曾对我说:"你三姑嘴巴太尖酸,人们不喜欢的,但是她待你真是无微不至,你长大了一定要记住三姑是你最亲的人。"

1970年我随父母下放到农村,隔几个月就会收到三姑寄来的东西;或是一罐子猪油,或是一包蠔干、虾干等等。我假期回到家里,她从楼上的窗户一见我就笑得那么开心,赶快迎了出来,说没想到我长这么高了!她上上下下地打量我,发现我从头到脚长满了脓疮,又心疼起来了。她买了许多膏药贴遍了我的全身,使得来看望我的朋友都笑个不停。

三姑死的时候我已经二十岁了,她是得了脑溢血,在医院没有病房,住在走廊上,又感染了风寒。她说想回家,我和表哥们用担架抬着她回到家里,当晚就过世了。我坐在她身边,为她阖上眼睛。她身后的遗物,除了一些空空的药瓶子和几本诸如《红灯记》、《沙家浜》之类的京戏剧本之外,一无所有。

三姑黄彩菊(1945年)

25

　　四姑黄彩芹生于1921年,她的童年生活与前面三个姐姐迥然不同。用她的话说,自己就像个丫头似的听从父母和姐姐的使唤,所有跑腿的事都叫她。每当要打扫房间时,她的工作就是拿根筷子,包上布片,一点一点地去擦那些雕花的红木家具,一干就是一整天。姐姐们的各种享乐,没她的份;姐姐们爱打扮,她则不行,因为她是个学生。她在毓德女中读到高中毕业,她的同班同学之间的感情非常要好,毕业以后,无论贫富贵贱,每年中秋节一定聚在一起博饼,一辈子从不间断。一直到2012年仔我的四姑逝世的葬礼上,我遇到前来吊丧的她的同学全金姑姑,她对我说:每年的博饼聚会将到此为止了,今年过世了两个同学,现在全班同学只剩下她一个人了。我能体会她讲这话时的痛苦、凄凉的心境。毓德女中

四姑黄彩芹(1940年)

的教书育人已经有许多人给予很高的评价，而我认为只此一节，就可以见到教育者的成功了。

解放后，四姑在厦门商品检验处工作。这单位一度并入海关，后来又分出，现在又升格为厦门商检局。四姑从1951年一直做到1986年才退休，应该是工龄最长的职员了。四姑一辈子和三姑住在一起，两姐妹都是单身。三姑死后，她和我父母一起生活，四姑生活非常有规律……四姑死于2012年7月，终年91岁。

五姑黄彩鹤，生于1925年；六姑黄彩菱，生于1927年。二人都是从毓德女中毕业的。五姑嫁给了庄友谅先生，他是一位建筑师，在抗日战争时期，他曾参与滇缅公路的修筑；解放后有些重要的公路桥梁像乌龙江大桥等也都由他主持施工。六姑嫁给了陈立群先生，是位教英文的中学老师，先在集美中学，后在厦门第一中学任教。他的教学水平是很高的，无论是外教还是本地的老师都对他的教学法十分佩服。我的这两位姑父都是学问很好的人，而且对妻子、家人可以说是很有爱心和责任心的，可是他们两个在1957年都被划成右派。当时连他们自己都莫名其妙，两人都不是那种爱说话喜张扬的人，然而厄运就偏偏落到他们头上，而这也就注定了我的五姑和六姑一生都过得非常艰辛。

五姑和她的四个孩子，一家人生活在上海，我们几年才能见一面；六姑则一辈子没有离开过厦门，她有两个女儿。五姑死于2000年，终年75岁；六姑死于2017年，终年90岁。

26

大伯黄延庆是祖父的三哥三嫂所生的，因为当时祖父膝下没有男孩子，只有四个女儿，就依着他的好朋友马亦篯先生的建议，将延庆过继到自己的房头。从一开始，祖父祖母就疼爱他犹如己出,大伯对养父母也很孝顺。据我父亲说,大伯小时候得过一场大病,祖母非常紧张,连续好几个星期尽心尽力地照料他,终于痊愈。连他的生父我三伯公都说,要是在他那里肯定得不到这样的照料。从此,大伯在我祖母的心头占了很重的地位。

1947年,大伯从英华高中毕业,随后就去了新加坡。怎么都想不到竟然就在那里终老。他在银行工作,娶妻生子,安家立业,结识了他的好朋友,外交家黄望青。黄望青也是鼓浪屿人,原来叫黄望赤,是左派,后来大革命退潮了,改为黄耶鲁,再后来又改为黄望青,是新加坡驻日本的大使。他自嘲地说由赤而黄,由黄而青,越来越冷了。他回鼓浪屿时曾来我家访问,他对我父亲说:"你大哥为人正派、严谨,但缺少生意人的油滑。当时他曾向我借钱买房子,我二话不说就给了他;他要是拿钱去做生意,我是绝不敢借给他的。"

大伯在新加坡,每个月都寄钱给我祖母,当时新加坡政府规定,凡寄钱到中国的每月不得超过一个定额,大伯就以他自己和妻子的名额,寄了两份。

他知道祖母常年咳嗽,就时不时寄来可可粉。祖母每天晚上都能够冲上一杯热可可,还将一片饼干泡在里面,没有间断过。这是大伯的贡献,否则,在当时,国内如何办得到?"文革"期间,家里的走廊屋顶漏得很厉害,大雨时竟像个水帘洞似的。在修建的时候大伯也寄钱回来,他虽然人在国外,家庭的意识却是极深的。

他这辈子只回家一次,那时年纪已经老了。他与我父亲,还有从美国回来的叔叔在老家相聚,重温过去的生活,这是非常欢愉的一刻。但也只有这一次,分别之后,又是天各一方,再也没能见面了。我曾经两次到新加坡看望他,他对我非常热情,大伯母亲自为我炖了燕窝,这是我生平第一次尝到燕窝。他们的大厅里还挂着我少年时代画的日光岩的风景。大伯母对我说:"你本来应该是我们的儿子,知道吗?当年我怀孕时,你祖父为孩子取了两个名字,男的叫曾恒,女的叫婉丽,结果我生了女儿。后来你妈妈生了男孩,我就对她说要用曾恒的名字来命名我们黄家的长孙。"伯母是个非常热情的人,可是我第二次去新加坡时,她已瘫痪,不能说话,我蹲在轮椅边握着她的手叫她,她眼角渗出了泪水。她能认出我,这使我更加伤心。我回鼓浪屿不久,就得到她去世的消息。2020年,又得到了我大伯去世的消息,大伯生于1925年,终年95岁。

父亲(右)和他的大哥延庆(中)、三弟延祥(左)(1990年)

27

我的叔叔黄延祥是祖父祖母最小的孩子,生于1931年,他从小身体就很虚弱。祖母生他的时候已经36岁,而且已经生育了那么多的孩子,体质肯定是不好的。叔叔说,祖母自己没有奶水喂养他,又给他雇了一位年纪很大的奶妈,因为没有奶吃,就用辅食来喂养,结果把肠胃都搞坏了。接着,当要长身体的时候,碰上了抗日战争,物资极度困难,使他长期营养不良。他错过了所有的强壮的机会。他高中毕业的前一年，染上了肺病，不得不休学一年。叔叔是个非常聪明的人，在休学期间很刻苦地学习英语，后来考上了厦门大学外语系，在上一年级的时候，就成为系主任李庆云先生的小助手，先生们对他的评价都很高。我从小就看到叔叔手不释卷地阅读英文小说，这一定是受到他过去的老师吕建元先生的影响。他和四姑一起都在厦门商检工作，后来又并入厦门海关。他在海关如鱼得水，所学的英语大派用场。当时凡有外国商船进港，他都要登船工作，充当翻译。就像当年祖父到大白舰队上充当翻译那样，真是命运的巧合。

叔叔与婶婶刘雅敏结婚，生育了两个男孩子，大的和我同岁，小的小我五岁，我们总在一起玩。叔叔经常给我们讲童话故事，这在当时是极难得的。在我和堂弟读小学三年级时，正值"文革"停课，叔叔就教我们兄弟学习英语。他用当时初一的课本做教材，每天把课文和生词打在小卡片上，让我们学习。他还到新华书店买了好些英文版的毛主席语录的宣传画贴在房间里，好让我们可以时时接触英文。过了不久，我随父母下放到农村，英语的学习就停止了。听说我一走，我堂弟的学习也停了，这真是非常可惜。

叔叔跟父亲的感情非常好，父亲在农村时经常想念着他。有一次父亲和我去游山，我们漫无目的地走了四十里，突然在山坳里的一株大树下看到一块很大的墓碑，上面居然刻着我父亲和叔叔的名字！着实把父亲吓了一跳。父亲回来后感慨不已，写了一首诗寄给了叔叔：

  深山深处有古坟，祚祥并列沾苔痕。
  谁家兄弟求合葬，桃叶永不离桃根。
  杜鹃满山清明近，岸柳丝丝拂阳春。
  春水浅薄情难寄，寂寞归来掩柴门。

不知道叔叔读了有什么感想。

婶婶的父母亲都在美国,他们家生意做得挺大。婶婶的弟弟是他们家的独子,当时是个有名的男高音歌手,灌过唱片的。可是天有不测风云,他才三十岁就生病死了,妻子也离开了家庭。婶婶的父母绝望了,就想要我叔叔婶婶到美国去陪伴他们,这是1973年的事。到了1974年,叔叔出国的申请就被批准了。那一年,我们全家从农村回来,叔叔却全家离别到美国去了。

叔叔从美国寄来的照片(1979年)

照片背面

一转眼就是四十多年！叔叔有几次回国探亲，一次比一次更加留恋家乡，他一直想要落叶归根，相见的时候说，打电话也说，可是他终究回不来了，他身体太虚弱。有一次在飞机上突然觉得身体不适，他大大吃惊，向所有的神灵：上帝、如来、妈祖、观音菩萨、太上老君都轮流着祈祷，终于没事；可是从此之后他就再也不敢乘坐飞机了。

叔叔死于2015年，终年83岁。

第八章

游 艺

28

现在我们再回头叙述祖父的失业生涯。

菜园仔的枪击对我祖父的影响是难以估量的,尤其是,当时他怎么样都想不出有谁会对他下此毒手。所以他的结论只能是他的整个的人生给他带来了灾难。他的社会活动错综复杂,而且无论是工部局的洋人,还是地方的华人势力,都是深不可测的,整个鼓浪屿的社会暗流汹涌,使他这一介书生望而生畏了。因此,他辞去工部局的职务,实是一种盲目的避祸行为。而他的后继者竟能够在短短的几年内大发横财,更是印证了鼓浪屿那一句老话——"敢的人拿去吃"。而像我祖父这种书生气十足的人却长期占据着那近水的楼台,本身已令人侧目。所以,菜园仔的几声枪响,的确把他打醒了。他对以往的一切希望都一时断了念想,于是他辞了职:没有任何铺垫,没有任何备胎,一下子从一个高薪的职员跌落到失业的境况之中了。此时他有的只是一点"名气",不能当饭吃的。

我祖父当时三十七岁,年纪还轻,有广泛的交游,有较深的资历,他自以为找个好工作不是难事,没想到这一失业就是整整三年的时间!也许是命里注定的吧,据说有相命的为他拆字,说他的人生要到四十岁才能好转,果然到了四十岁他才又有了新的工作,还生了个男孩。为此,祖父经常告诫我父亲:四十岁前不要妄求发达,男人不到四十是难以成就的。父亲又把此话从小在我耳边唠叨,早已成了我的固定观念。我小时候的梦想,就是早早到达四十岁的年纪,后来读了钱玄同的文章,说人到了四十就得拿去枪毙,一下就击碎了我的美梦了。

由于相信江湖术士的判词,我祖父一身都轻松了,不再汲汲于谋职赚钱,而我祖母又把她的嫁妆渐渐地变卖来维持生计。这样,三年的时间,为一生劳累的祖父提供了最美好的可以说是艺术化的生活。这三年他忘却了过去的文牍案卷,却成就了书法、绘画的鉴赏与创作的本领,他的艺术天分显露出来了,内心的诗情画意被唤醒了。他家里的座上宾完全换了一拨人,个个仙风道骨,祖父如在梦境一般。

祖父赋闲了,与之往来的都是些闲人。第一个是马祖庚,这个人是我祖父最为服膺的才智之士,他骨瘦如柴,双目炯炯,父亲说他看起来竟是个孙悟空的相貌。他的才华与智慧完全倾注在一个"玩"字,艺花养鸟、养热带鱼、鉴定古董、收藏字画,这都是他晚年的癖好;他年轻的时候并不如此,也是一个兢兢业业的生意人。他长期居住在新加坡,还有一段时间在荷兰。长期的商业生涯使他眼界宽广、胸襟博大。后来听说他遇到了一个能算流年的高人,请他为自己算命,这个人为他推算过往的一切都非常精准;而对他的未来,到四十岁以后便再也批不下去,就说他的生命到此为止了。马先生对此铭记在心,到了四十岁那年,他足不出户,停止了一切活动,整个人生来了一个大逆转,与过去的生活背道而驰,终于平安度过四十岁。这时他就对我祖父说:大劫已安然度过,此生或可长命百岁了。于是就将姓名改为马祖庚,字亦篯,这是要与彭祖比肩了。

马亦箴先生几乎天天到我们家来，他用不着任何人接待，一来便独自径入三楼东南角的那间会客室。如果祖父不在家，他就自己泡茶，独坐半日。家里的人也就当没有客人似的各人干自己的事，主客双方一点负担都没有。当祖父在家时，他们就谈天，所关心的话题不外乎字画文玩，以及各种掌故。祖父对马亦箴先生极为佩服，不仅仅是他的艺术眼光，更是由于他的人生所体现出来的魄力。他与过去的商业活动切割得非常干净。现在我看到许多人虽然想从商业中退出，却不能够。他们经常说，不是我们想要做生意，而是生意找上门来不由得你不做！而马亦箴先生却能断然抽身，确有大丈夫的气魄。他是一个有谋略的人，虽然自己退身，可是还能将五个儿子的道路安排得妥妥当当的，可见非常的精明。

　　马亦箴与黄省堂是忘年交，马先生年长二十多岁，我祖父跟着他学习鉴定文物，真可谓是"老马识途"，不然纵使祖父再聪明也不可能这样快就上手。我祖父的爱玩是从小的习性，但只限于养花养鸟养金鱼，甚至养些鹌鹑来打斗，马亦箴劝止说："不要再斗鹌鹑了，这是玩弄生灵，很失德的。"我祖父便从此不再染指了。马亦箴先生经常介绍祖父买一些字画，提升他的娱乐的层次。

　　祖父热爱字画，并且收藏了不少精品。他的鉴赏力很快地提高了，这是因为他花了许多时间自己动手学习书画艺术，从实践中养成了审美的能力。朱光潜曾有诗云："不通一艺莫谈艺。"这是千真万确的道理。祖父失业三年，书画都有所成就，这是因为有极好的老师的指导。说来我的祖父是不曾拜师学艺的，但那些人本是祖父的好朋友，他们之间无拘无束，平等谈论，互相切磋，祖父又善于吸收，所以学习的效率非常高。这里是否也隐藏着某种艺术教育的法则在内？我看许多课堂、工作室的教学，反而不如平等切磋所得的进步实在。祖父当时交游的客人主要有文字学家周辨明，作家林语堂，诗人施健庵、林菽庄、李绣伊、汪受田，画家郑霁林、龚樵生、林瑞亭，这个圈子可谓明星璀璨，而穿梭其间的主角就是马亦篯。我父亲曾对我说："马亦篯是李笠翁式的人物，许多大官僚、有钱人，少了他就活不下去。李笠翁的帮闲，竟能帮到有人送他一座园林。马亦篯先生的能力也不会比他差。"但是，看起来马亦篯先生的品格还要更高一些，他并不以此为自己谋取金钱。他毕竟是商海中的回归者，要谋利的话又何必弃商呢？祖父那个圈子的朋友们虽然艺精才高，但马亦篯的精鉴却引领着他们。他的鉴赏功底，确切地说是中国文人艺术的美学功底，是很深厚的，所以艺术家们也都钦佩他。

马亦篯先生一生中也与黄省堂最亲近，当他看到祖父长时间一直没有生个儿子，就替他谋划，让祖父把他三哥的孩子过继过来。后来我父亲出生的时候，他又很高兴地为我父亲取名叫"延祚"，还说他这一辈子的愿望就是要活着看到我父亲结婚的一天。"可是，老天不遂人愿。"我父亲说，"亦篯伯竟在我结婚前一年去世，真是非常遗憾。"

马祖庚故居

29

祖父的另一个忘年至交就是施乾施健庵,他是清朝的举人。他跟马亦篯一样都是年长祖父近二十岁,他的寿命也很长,一直到解放后还活着。我父亲说:"健庵伯是一个纯正的诗人,他的吟诵实在太好听了,我学诗的时候完全是学习他的吟诵方法。"那么,我从父亲那里学来的古诗文的吟诵自然也要溯源到施健庵的那一派了。

施健庵的诗歌不仅在闽南一带很有名,在南洋他的名气更大。菲律宾有一所著名的马尼拉华侨中西学校,是华侨子弟学习祖国文化的基地,施健庵曾经担任这所学校的校长。他在教学中直接用四书五经作为教材,辅之以文言文书信写作课程,目的是为使学生与家乡、祖国保持畅通的文化联系。当时康有为在印尼也曾开展这类的教育工作。这所马尼拉华侨中西学校经历了百年传承,如今更名为菲律宾中西学院,在海外有着广泛的影响。只是不知道现在的人们还记不记得一位清朝的举人为此做出的贡献。

林尔嘉1914年创办菽庄吟社,鼎盛期近两千人

施健庵与马亦箋、林尔嘉是诗友,都是菽庄吟社的骨干成员。李俊承选编的《闽三家诗》,施健庵的诗即其中一家。李俊承是永春人,长期居住在新加坡,从这里也可看到施健庵的诗名主要流行在海外。

施健庵不仅诗名卓著,其书法在当时也是出类拔萃的。他广泛涉猎各种碑帖,收藏丰富,而我祖父的碑帖收藏和书法学习主要就来自于他的指导。祖父从小学习洋文,没有创作诗词的功底,因此施健庵所影响于他的就是书法了。在施健庵的影响下,祖父恪守二王法度,专注于《洛神赋》、《集王圣教序》诸帖,终于写得内行起来,李绣伊就曾说祖父的书法入门得正,比他的三哥要好得多了。施健庵则告诫我祖父:"你为人太过急性,可通过书法抑制你的火爆性格,涵养心性,人生才不会再受蹉跌。"

诗人施健庵为祖父题写的碑帖收藏箱

后来我祖父的毛笔字果然写得毫无火气,而为人处世的风格也转变得平和了。我想,非刚强之人是难以达到这样彻底的转变的,这是以刚制刚的美好结局。施健庵对祖父的关怀非常周到,祖父的收藏许多是由他题签的,所制作的收藏箧也刻着他写的小序。

现在看看他的手笔，也是很严谨地遵循了二王的笔法，他在文化上是力求完美的。我的父亲也会经常怀念这位老举人。1956年父亲从福州调回厦门时，第一件事就是去拜访他的健庵伯。也就在那一年，施健庵逝世了。他和马亦篯都比我祖父早一年去世。

30

祖父的交游中也有新文化人，关系较好的是林语堂和周辨明，这二人的名字在我姑姑们口中像是一对对子，总是连在一起，因为有一段时间二人总是一起约着来找祖父聊天。

这二位在当时都是名人，都担任过厦门大学文学院院长，林语堂后来更是名满天下，他在新文化运动的贡献和语言学、文学上的贡献是尽人皆知的。周辨明因为解放前就任职于新加坡大学，所以现在知道的人较少，他的成就在语言学方面，他对现代汉语音韵的研究是划时代的，著有《中华国语音声字制》、《厦语入手》、《语言学概要》、《厦语音韵声调之构造与性质》、《中华国语音母和注声的刍议》、《六书英译新探》、《古音观止》等等，都是开风气之作。

我祖父与周辨明相知很早，就在美国的大白舰队访问厦门的那一年（光绪三十四年），我祖父参加迎宾，充当翻译。周辨明的妹妹则登台唱了一曲美国的歌，使外宾甚为惊叹。以此推测，大概祖父在清朝就已经认识他们兄妹了。他们家于音乐是有天才的，转而研究语言学、音韵学自然也得天独厚，就像清华的大师赵元任那样。这个唱歌的妹妹名叫周淑安，后来成为我国现代声乐界的先驱者。祖父比周辨明年长二岁，又住在同一条街道上：周家住在斜马路顶端，黄家在斜马路下端，往来比较方便。我家在主体建筑和厨房之间有一个天桥，正对斜马路下段，我的姑姑们从小到大都喜欢拿个小凳子坐在天桥上"看人"。从三十年代的周辨明一直看到五十年代的张晓寒,看那一个个的风流人物来来往往,成为一种乐趣,所以这些人给我姑姑们印象都很深。

林语堂则是周辨明介绍给我祖父认识的,他的英文水平的高超和对于中华文明的坚守,都使我的祖父十分钦佩。祖父对林语堂编写的《开明英文读本》非常佩服,说是他从未见过的最适合国人学习英语的教材。祖父就是用这套教材来教我的父亲和叔叔学英语的,他说,这样一来英语和国文都能有所长进。因为在这套教材中,《论语》、《孟子》和《庄子》的内容都涉及了。祖父虽然没能走上学术和文艺的道路,但他的内心与这二位新文化的大家并无二致。可以肯定地说,周辨明和林语堂对于我祖父的人生具有深刻的影响,他们为他打开了一扇新学术的窗户,让他呼吸到自由的新鲜空气。

31

郑霁林是我祖父的又一位忘年至交,他名郑煦,霁林是他的字。广东人,苍髯鹤发,风度翩翩。比我祖父年长三十多岁。祖父一直是把他当作长辈的,所以我父亲要称他为霁林伯公。他的绘画远近闻名,但他可不是以此为职业的。郑霁林是清朝时的大官,是专门负责通商口岸的财政的官员,当时叫作厘金委员。在鼓浪屿刚要成为万国租界时,章程也由他审理、签订。后来他又当上了中国银行第一任行长,可谓身居要职。可是不知怎么的,后来竟成了个画家,而且不是泛泛之辈,是个技艺高超,让其他画家都十分佩服的画家。更令人惊叹的,是他的画笔越老越细密,到了九十高龄,其工笔人物更是细致入微。他画画线条稳健,气息绵长,结构严谨,设色精致。所描绘的花卉翎毛的美致,更在其人物画之上,真是了不起。我祖父评论当时的画家,说格调之高雅,郑霁林为第一。后来我也看了他的许多遗作,真的是可以同陈老莲比肩了。

郑霁林常来我家串门,并且教导祖父画画,但教的却不是工笔画。他让我祖父学一学明末的那些山水画,比如蓝田叔、李流芳之类的文人画。但太狂野的作风,则郑霁林也不能忍受,因此我祖父的入门可算是十分的正统了。作为一个业余的绘画爱好者,的确应该这样来学习。

有一天他与我祖父闲聊,祖父又说起了他至今最大的遗憾是没有生育一个男孩子。郑霁林说:"我看到你和夫人的卧室内挂着一张林瑞亭画的《五鬼闹钟馗图》,那种画怎么能放在卧室里!我来为你重新画一幅吧。"过几天,他画来了一幅婴戏图,画面上只有两个小男孩,蹲着在一起玩蟋蟀。果然,这幅画挂上之后,我祖父祖母竟然接连生了两个男孩:我父亲黄延祚和我叔叔黄延祥。这风水学也实在是太神秘莫测了。

这幅《婴戏图》一直到我童年的时候还挂在祖母的床头,画面非常清丽,祖母经常指给我看:两个小男孩中有一个后脑勺突起的,真像我的父亲,另一个则像我叔叔。这幅画在"文化大革命"破四旧时被直接从墙上摘下来烧掉了,同时烧毁的还有挂在房门上的一幅文徵明的行书扇面。

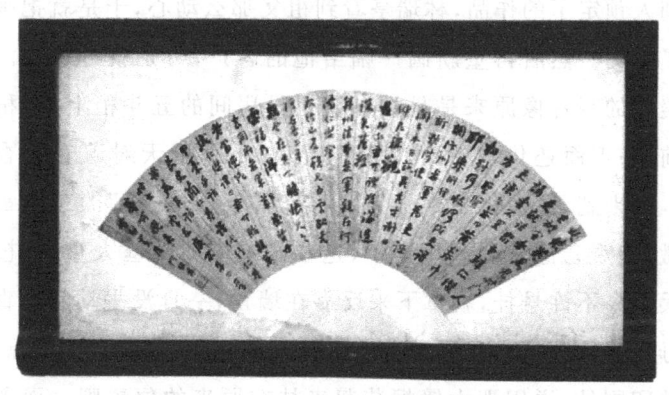

祖父的壁饰——何绍基(晚清国史馆总纂)书法

32

三十年代初，有一位东山的画家林瑞亭来到我们家，是马亦篯先生介绍来的，我祖父把三楼东北隅的房间腾出来给他住，他就在那里和他的长子一起住着，铺着一张大画桌天天作画。

这是一个专业的画家：山水、人物、花卉、鸟兽虫鱼无一不精，他的画风比较接近海派，是当时流行的风气，因此他的画卖得很好。在整个福建、台湾地区他的名气也很大。可是一方面技艺高超，另一方面他比较缺乏个人特点，精神的诉求几乎是没有的。我们家过去有很多他的作品，我看过的竟然感觉不像是同一个人的手笔。他的作品有的是双钩淡彩，有的是金碧相映，有的则是很枯淡的水墨山水，还有一些又是很刻板的线描人物，但不管怎样，完成度都挺高。他是可以做到有求必应的，的确是一个行家。

有一天，祖父走进他的画室，看到他画了一幅很大幅的观音像，画得非常精彩，与他平时略显呆板的画风完全不同。这是一件别人预定了的作品，林瑞亭看到祖父那么动心，于是就把画赠给了祖父。然后再重新画一幅给他的客户，可是就逊色了。这幅美妙的观音像原来是悬挂在我祖母房间的五斗柜上方，稍稍往前倾；下面还供着一尊白瓷观音像，祖母天天对着它焚香念经。后来到了"文化大革命"时，所有属于"封资修"的东西都要上缴，瓷观音像早被人拿走了，这幅画却因为镜框太重，只被红卫兵勒令不许悬挂，就拿下来反靠在墙角，一直没去动它。直到祖母死后，有一天，我母亲从外面带来了一张《毛主席去安源》油画的印刷品，说用那大镜框装起来挂在原来的位置吧。而那幅原有的观音像就做那张印刷品的衬底，一起压在镜框里面了。

到了1970年1月20号，这个画框就随着我的父母下放到闽西连城县新泉公社芷溪大队二十九生产队，被母亲当作见面礼送给了那里的贫下中农。农民们当下就高高兴兴地把这革命的礼物挂在生产队大堂。那建筑像是过去的祠堂，当时分住着好几户贫下中农。就这样，林瑞亭的精彩作品，大慈大悲的观音菩萨，就隐藏在毛主席的画像后面高高地挂起来了。这事发生在五十多年以前，不知道那里的农民最终有没有发现镜框里面的这幅佳作？

33

"才魄横一世者，须开千古眼界，成千古学识，方不负己灵。否则仅同春草之荣，终非松柏之干。"这是明代高僧蕅益禅师的名言，弘一法师将它写在一把折扇上，赠给了我的祖父。祖父则终身携带着这把扇子，把它当作座右铭，时时记诵。此外祖父还有一把珍爱的扇子，却总是收在他的书房的抽屉里：那是林尔嘉的赠品，上面是他作的一首为我祖父祝寿的诗，由他的儿媳书写，另一面则是他另一个儿媳的绘画作品。这两把折扇，一把表达了一代高僧对祖父的期许与鞭策，另一把则寄托着一位挚友的深情厚谊，所以成为祖父最珍爱的物品。在祖父收藏的字画中，扇面实有不少，都装裱成册页，收纳在一个木箱里，唯独这两把最有纪念价值的成扇，他舍不得将它们揭裱，也舍不得将它们混在其他作品中间。但是正因为这样，"文化大革命"一开始，它们就被红卫兵抄走了。直到现在全无下落，怕是当时就被毁了。而家藏的其他扇面，红卫兵则弃之不顾。

祖父收藏的扇面，有一套叫作《春明旧雨》的，是他费尽心机从厦门的一位叫邱十二的有钱人手里买来的。这套作品原是清朝浙江水师提督李廷钰的旧藏,是他在京师为官时一些同僚或友人的作品,里面包括林则徐、吴嵩梁、朱方增、朱为弼、郭尚先等等名人的字画。而我祖父之所以看上它,是因为它的收藏者是祖父所景仰的李廷钰。李廷钰,字润堂,他的父亲就是以剿灭海盗集团而闻名的将领李长庚。润堂二十二岁时世袭三等伯爵、授二等蓝翎侍卫,此后一直在闽浙广沿海地区统领水师。我祖父之所以尊崇他,主要是因为他在咸丰三年(1853年)战胜并且消灭了双刀会,也算是为曾厝垵老家报了仇恨。

李廷钰为人风雅,《春明旧雨》所收集的几乎全是精品,叫人百看不厌。祖父就以此为基础,将后来陆续所得的扇页依附在上面,竟有上百幅,这些装裱成册页的东西现在还留着,而所有的成扇都在"文化大革命"中不知去向了。

据我所知,红卫兵倒不怎么抢字画,它主要还是毁在自家人手里。1974年,我从乡下回来的时候,我的二姑曾拿了一袋装裱卷轴用的旧轴头给我,说:"你喜欢画画,这些给你裱画用。"这些轴头大大小小的,各种各样,有几十个,可是很难把它们配对起来。我问二姑:"那画呢?"二姑回答:"那些字画虫蛀得很厉害,没什么用处,做生炉火的引子烧了。"其实祖父的那些字画的损失是从他去世的时候就已经开始了。那时祖母因害怕孤寂,要全家都搬到三楼居住,就把二楼租给一位姓许的书法家,他就常到楼上找我二姑买画,五角钱一幅。但凡经我二姑卖掉的东西,字画也好、酸枝椅子也好,一律开价五角,可以抵一包大前门香烟。这也难怪,那些东西当时全无价值,放在家里除了引人来查抄之外也没有半分好处的。

在几年前,我听一个朋友说,有一个香港来的人想要出售一幅明朝万寿祺的画。我一听就警觉起来:万寿祺的画!会不会是我家的那幅旧藏呢?因为万寿祺的真迹近年来是很少出现的。我赶过去一看,果然就是祖父收藏的《洗象图》,这是他的一个朋友汪受田先生在祖父逝世时向我祖母要去做纪念的。我只是曾听父亲说起,却从未见过,所以当下我的心情非常激动。可是也非常惋惜,因为整个画面早被汪受田和李绣伊这二位祖父的挚友题得满满的,肥大的字迹又拥挤又迫塞,把整个画面都给破坏了。哎,可怜的万寿祺!

我深知祖父是一个清贫的人,他的东西在收藏家中恐怕是未能入流的。画家张晓寒对我说,他曾经在我祖父那里看到过一幅宋代的画,父亲就说不太可能。我家倒是曾有过一幅题着夏圭款的绢本山水立轴,画得非常好,可那是清朝初年章声的手笔。我小时候经常看,从乡下回来之后就不见了。

祖父一死,叔叔就把一幅齐白石画的条幅拿到厦大的学生宿舍挂着,当天就丢了。一直到二十年后,我才听到它的消息:一位本地的画家用两元钱买了这幅画,后来又以四元的价格卖给了另一位先生了。这二人我都认识,但事情过去几十年了,如何能赎得回来呢?

收藏品真是各有各的命运,有时执着起来是要伤神苦心的。所以还是得放手。这些身外之物,不过记录了一个人的收藏鉴赏的生活,而生活本身才是真正有价值的。

34

祖父写字画画的桌子至今我仍在使用,那是一张红木桌,由三体构成,有五个抽屉,两个小橱门,面板由两片木材拼接,十分结实。那张桌子高九十厘米,桌面宽一百五十厘米,深九十厘米,倒是非常适合我的身材。但祖父的身材是比较瘦小的,可以想象他只能站着工作。祖父使用的砚台我也还在使用着,一个歙石圆形墨海,直径二十三厘米,也非常适合我的用途。然而祖父的作品,字不过方寸,画也都是册页,如何要用到这么大的墨海呢?祖父曾经送我父母亲各一方砚石,都是极好的端砚,送我父亲的那一方是咸丰三年(1853年)改琢的宋砚,质地最为细腻,送我母亲的是一方刻着道光元年(1821年)的铭文的凤凰梧桐砚,那上头的一个眼就像是梧桐树叶间的月儿一般,是很美的。但是父亲说,祖父自己则还是用那一块粗糙的墨海。我小时候学画画,用的全是祖父留下的东西,笔洗、水盂、压尺、笔筒、印泥盒等等,那些东西我都非常珍爱,甚至很想把它们复制下来,广为传播。从这些物品上,我继承着祖父的爱好,也就是继承着我们的家风。那些文房用品刺激我写了一部叫作《品物赏心》的书,书中虽然没有明言,但实际上是对我祖父的为艺术所陶冶的人生的深切的怀念。

祖父的案桌,至今让我"坐享其成"

祖父的绘画作品，存留下来的只有两幅山水扇面，其中一幅题着"拟蓝田叔"，但气质上却不像蓝瑛的东西，画面很柔和，近景是坡石丛树，丛树后一座山峰横插过来；左边是开阔的水面，烟波里摇荡着一叶扁舟。这幅画的墨法很好，满纸烟云，气韵极佳，不像是一个业余作者所为。古人说："墨者蒙养之灵，笔者生活之神。"我想，祖父在艺术修养上应当是很好的。

还有一幅画的是平远的小景，它给人的第一印象就是非常洁净。近景的坡石点染有点学龚半千的味道；中景是柳汀沙岸，平静而曲折，是这幅画引人入胜的地方；远景则是寒山一带，贯通整个画幅，因为是扇形的构图，所以那远山就呈一弧形，更加有无穷无尽的感觉。

我想，这两幅画的立意、构图和写景都十分成熟而高妙，会不会是我祖父临摹前人的作品呢？如果是他自己的创作，那么，祖父作为一个画家也是当之无愧的了。

我的祖父就这样度过了三年失业生涯，而这三年正是他享受人生最丰富的黄金季节。我曾经听到母亲讲，当她初次来到黄家时，感觉是非常富丽堂皇的，我却全无这种印象。我出生时，已经是祖父去世半年后了，所以我没有见到过他。但是，我的整个童年都生活在他的氛围当中。我曾经问父亲："为什么人们看到我都说：哎呀，这是省堂伯的孙子！而不说这是延祚的儿子呢？"父亲笑道："鼓浪屿人都认识你爷爷。"可是，我却不知道他。我们家自祖父死后，表面上看是一路破败下去了，所有的物品——能卖的不能卖的，全都不在了。我有一个小学同学的父亲是个有名的古董商人，有一次我去他们家玩，他见到我就说："你们家有一座沉香山子，刻着许多人物楼台的，哪里去了？"我回来问父亲，他说："你祖母老早就把它卖给一个姓李的市长送华侨去了，连带着还卖了一尊何朝宗的观音。"这些事在我听来都如天方夜谭。因此，祖父所留下的,只有这些没有人要的文房用具,而我恰好就继承了。这是否是我们家还没有彻底破败的征兆呢?我如今就是紧握着这些文房的东西来守望着我的祖父和父亲留下的家园了。

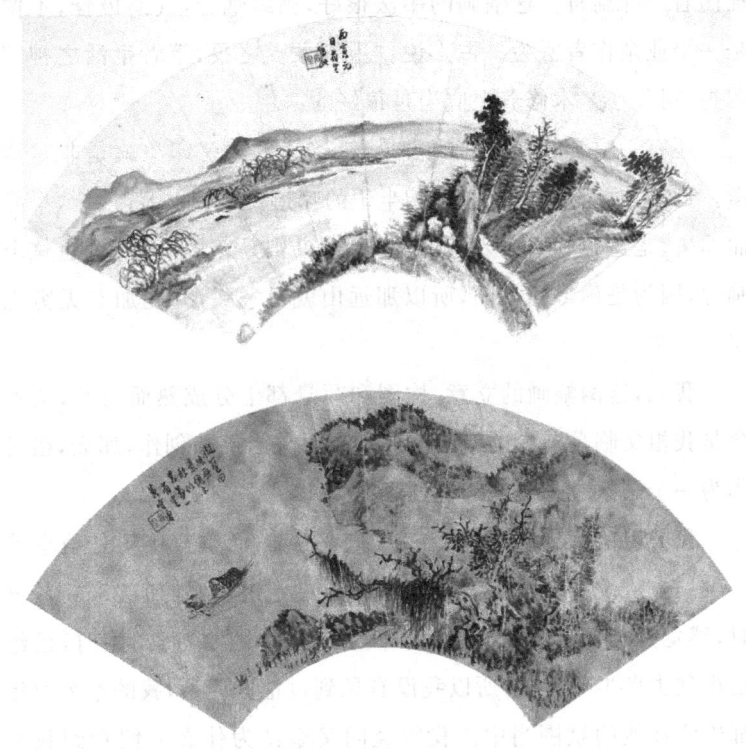

祖父的画作(陈育新摄影)

第九章

电灯公司

35

1929年,祖父恰好四十岁,希望之星果然临到他的身上,他多年来的夙愿——想要生一个男孩子——终于实现了。这可是连续生了六个女孩之后的第一个男孩子啊!祖父是一个固守传统的人,香火一事在他的眼里可谓是人生的头等大事了。从他积极为曾家和黄家设立祖宗牌位,延续香火一事就可以证明。人们应当可以体会他当时的心情,简直就是久旱逢甘霖似的狂喜!他的至交马亦篯先生也为他高兴,主动地为新生儿起了名字:黄延祚。这个名字所包含的宗族传承的意味多么浓厚!只是这孩子长大成人之后,对于这个充满封建意味的名字却不太喜欢,他为自己取了一个新的名字——起先只用作笔名,后来干脆更换成了正式的名字——黄吟军。他就是我的父亲。他的这个文武兼备的名字是从他所喜爱的三十年代的一对天才作家——萧红(悄吟)和萧军那里各取一个字组成的。

就在得子之前一年,我祖父又有了新的机会,有人聘请他工作了。他当上了大中轮船公司的经理。这家公司其实只有一艘轮船,航线是从厦门经上海到天津。在那个时候这样的轮船公司是经不起诸如太古、渣华、德忌利士那些洋人大公司的挤压的,因此刚开张不久就宣布倒闭,在厦门的交通史上它根本没有留下什么痕迹,倒是带着我祖父游历了祖国的山河。他随船远游,顺便就到上海、天津,买了许多的字画,甚至求得了他青年时代的思想导师梁启超为他书写了一首周邦彦的词。这使他欣喜不已,没想到过了不久,梁启超就去世了。

梁启超先生题给祖父的墨宝

我祖父游历了一趟,满载而归。可是转瞬之间又失业了。不过这时他的运气已经好转,马上又有两家公司想要聘请他去当经理:一是漳州的电灯公司,二是鼓浪屿的电灯公司。祖父自然是选择了后者。从此,祖父就在这家全称为"鼓浪屿电灯电力股份有限公司"的民营企业里,一干又是十五个年头。

36

鼓浪屿的电灯公司本来是英国商人所创办的,后来那些回国的华侨从洋人手中争取到这项权益,所以就集资为本岛的民生创办了这家企业,它消除了英国商人垄断电业所得的暴利,使百姓得以安享电气之利。当时投资的人有卓全成、吴幼三等好几个人,首任经理就是我祖父黄省堂了。

第九章 电灯公司

电灯公司遗址(福建路46号)

祖父担任电灯公司经理的第二年,突然一场大火灾吞没了整个电厂。那个时候的电厂正设在黄家渡附近,而大火就从锦祥街蔓延过来,包括一大片的民房都顷刻化为灰烬。后来查明了原因,竟是由于一个小女孩在家做饭不慎引起的。那女孩的父母是一对赌棍,当时不在家。那个时候,由日本浪人和台湾人兴起的"赌十二支仔"非常流行,不但在赌场里赌,而且还有许多做代理的赌棍,挨家挨户去唆使居民拿钱出来参与赌博。庄家设局,赢者赌一赔十,输的自然赌资全没了。当时整个厦门像疯了一样,家家户户,参赌的很多,许多人甚至把吃饭的钱都拿去赌了。而锦祥街的这一对夫妇就是以赌为生,天天如坟纸般飞来飞去,却把一个不满五岁的小女孩独自锁在家中。就这样,小女孩做饭失了火,又得不到大人的救援,最后把整条街道都烧个精光。而鼓浪屿电灯公司也没能逃出厄运,发电厂所有的设备毁于一旦。

人们生活是不可一日无电的,电灯公司舍重建之外别无出路。但是原有的股东们谁也拿不出这一笔巨款,因此,唯一的出路就是借贷了。祖父和当时的中国银行的行长黄伯权原是好朋友,董事会就委托他去向黄伯权开口。黄伯权是晚清的大诗人、大外交家黄遵宪的侄儿,他听说鼓浪屿电灯公司的灾情后,很干脆地答应了贷款重建电厂的申请。但是,他有一个附加的条件,就是在鼓浪屿电灯公司还清此项贷款之前,黄省堂不能离开公司经理的位置。也就是说,黄省堂必须以自己的人格信用为这笔贷款担保。在这种情况下,我祖父毅然签订了条约,公司得到了重建的资金,而我祖父则决定用此资金向全球最优秀的发电设备厂家德国西门子公司订购一套当时最先进的发电机。安装之后,鼓浪屿的电力生产又上了一个台阶。当时各地电厂都还在用煤做发电的动力,而鼓浪屿的发电机以汽油来做燃料,是非常干净的。抗战时期日本人就是因为看上了这台设备,三番五次要接收鼓浪屿电灯公司,都被我祖父顶回去了。抗战胜利之后我祖父又把这套设备重新油漆了一遍,使之焕然一新,他是那样爱它,可谓真用心了。这套设备在解放后被拆下来送到杏林的工厂去发电,后来的下落就不知道怎么样了。

37

鼓浪屿电灯公司的办公地点在福建路的番仔墓地对面,门口有一株上百年的大榕树,院子里还有几株高大的木棉,环境很优雅。它的建筑是一幢浅黄色外墙、带着拱券回廊的二层洋楼,前后都有一个小花园。那建筑在几年前被拆掉重建了。它不是按原样重建的,新建筑的体量增大许多,乃至于把整个花园都挤掉了。我总感觉新的建筑与环境并不协调,这使我时时怀念起旧的建筑物来了。祖父在那里当经理的时候,据说花园搞得很美,还养了许多的金鱼。祖父养金鱼在鼓浪屿很有名气,除了家里的花园里养了一大池,更多的就是养在电灯公司。在我父亲小的时候,每逢星期天都要跟着祖父去上班,说是要去电灯公司做功课,实则是到那花园玩去了。玩到中午,祖父就带着他和哥哥延庆、弟弟延祥一同到馆子里吃午饭。午饭都是固定的样式:每个人一份米饭和一份"剁撮"(也就是狮子头),这星期天的午餐无论是我父亲还是我的伯父都时不时提起,一直到九十岁的高龄,他们还是怀念着这童年时的美好情境。

祖父的办公室除了他自己使用的桌椅之外,还有一张躺椅,是专门为客人准备的。父亲说祖父的客人五花八门,"那张躺椅上,市长的屁股刚离开,渔民的屁股就坐上去了"。可见祖父在交友上并不势利,对人也是平等相待的。

自从祖父当上了电灯公司的经理,他自己也得了一份福利,就是家里的用电从此费用全免。然而正因为如此,祖父便将自己家里的电冰箱搬走了。那时家里有冰箱是很稀罕的,但他说冰箱的耗电实在大得很,让公司来负担他实在很愧疚。

祖父利用经理的职权收留了许多困难的年轻人,有的是朋友相托的,也有一些是亲戚。前面提到的那个日光岩下黄氏小宗雇凶杀我祖父的凶手,他的儿子也被我祖父安插到电灯公司里上班。这些人在工作时也很积极快乐,我祖父的管理据说是很宽松的,父亲说就像李广带兵似的,看似无序,且各自为战。在电灯公司里,工程师有工程师的权威,抄表员有抄表员的职责。我认识的一位抄电表的外号叫老鬼,年轻时就是祖父推荐进电灯公司的。他一直到了解放后,年纪已经很老了,还在那里抄电表。每次到我们家抄表时,大家都招呼他,他总是很开心,他说在电灯公司一辈子了,老了也不想离开。

电灯公司的十五年,实行着黄省堂式的管理。这种管理方法恐怕在现代的企业中是不能容忍的,就是百分百的"人治",完完全全的儒家的那一套。经理和员工都各自遵循着道德上的规范,以宽容厚道相处而摒弃竞争的模式。这恐怕只有当时的那种环境之下，同事之间也还需要相濡以沫方能生存，而每个人的工资都是很微薄的情况下，才有可能实现。从这里也可以想见，鼓浪屿电灯公司在黄省堂的带领下不太可能有大的发展。这个领导者是那样的保守，他的能力和魄力都只体现在保守和坚持这一点上了。然而，事物总是一体两面的，由于黄省堂的坚持，鼓浪屿电灯公司顶住了日本侵略者的压力，可说是完璧归赵；同样由于黄省堂的坚持，鼓浪屿电灯公司在十五年内全部还清了中国银行的贷款。当贷款还清的那一天，祖父宣布辞职了。人们难以想象他十五年来身上的担子有多沉重。许久之后，当有人问我父亲：管理单位要如何使用铁腕？我父亲回答：我从不重视铁腕，我们需要的是铁肩。这是从我祖父工作的启示得出的答案。

38

现在专门来谈谈鼓浪屿电灯公司的一段插曲，讲一讲我祖父在鼓浪屿沦陷时是如何同日本侵略者周旋的。

厦门沦陷之后，鼓浪屿也处在风声鹤唳之中，虽说是万国租界，实际上岌岌可危，无论哪一个国家都没有能力抵挡日寇的占领。而且就在岛上，日本人的势力也非常大，甚至控制了工部局。1938年，我祖父辞去了工部局华董之职，由林尔嘉接替，他对日本人是比较了解的。当时我祖父想，日本人占领鼓浪屿是早晚的事，由于他自己在鼓浪屿人中比较显眼，恐怕日本人不会放过他。而叫他去为日本人工作，这是不能想象的。所以他只有一条路，离开。他又燃起了到南洋谋生的念头，这一次他当机立断，先到了香港。在这一时期祖父的身体变得很差，因为煎熬的日子太久，他的火气变得非常大，一到香港就病倒了，他的痔疮大发作，疼痛难忍。

这时，他的朋友周起特接他到家中居住，在周夫人的细心照料下，一个多月后才稍微好转。就在他准备启程下南洋时，一封来自鼓浪屿电灯公司的急信又止住了他的脚步。

信是卓全成写来的，说日本人已经占领了鼓浪屿，而且他们一定要接管鼓浪屿电灯公司。股东们正与他们抗争，说这是私人企业，如何能随意夺取？日本人根本不理睬这一套，他们认定你们的经理已经不在公司里，这公司实际上是处于无人经营的状态，他们一定要拿去。股东们都知道日本人是看上了那套先进的发电设备，非占有不可，却以公司经理不在为借口。此时此刻，我祖父立刻打消了下南洋的念头，转身返乡，为鼓浪屿电灯公司的存亡竭尽全力地抗争。

我祖父到底是怎样让日本人打消强占电灯公司的念头的？具体的情况不得而知，只知道这事周旋了很久。最后一刻，日本人终于提出可以不接管鼓浪屿电灯公司，条件是鼓浪屿的电厂不能再自行发电，只能向厦门的电厂购买电力，通过海底电缆的铺设，从厦门导电到鼓浪屿来。祖父当时心想，在日本人的统治下，电厂恐怕也没有渠道购买汽油来发电了，就同意公司保留，向厦门购电的方案。而且我祖父还盘算着，从厦门铺设海底电缆到鼓浪屿，也不知要到哪年哪月才能完工，局势也许还会有新的变化呢。没想到日本人工作之快速，竟使电缆的铺设在三个月内全部完工，这使我祖父大为吃惊。但无论如何，通过协议，鼓浪屿电灯公司和那一套宝贵的设备是完全保住了。当条约签署的时候，日本人竟然称我祖父为"人格者"。可见一般在生死存亡的关头，只有坚定的信念和死硬的脾气或可成为保家存身的法宝。

祖父在抗战时期（1941年）

39

自从向厦门电厂购电之后，鼓浪屿的电灯公司日子就更艰难了，可是员工的队伍基本没有失散，不知我祖父是如何做到的。一直到日本人投降之后，鼓浪屿电灯公司竟是齐装满员地投入新的工作。我祖父把英国海军赠送的油漆拿来，将那套千难万险地保护下来的西门子发电机重新漆一遍，使之焕然一新。他的内心此刻一定是五味杂陈，无比感慨的吧！

在整个日寇占领期间，祖父在电灯公司里几乎无所事事。因为自己不能够发电，每天那些繁杂的工作也就不再发生。他当时的心情非常低落，物质生活又极艰苦，他头一回感到九个孩子的大家庭给他带来了多么大的压力！那个时候，日本人三番五次地来拉拢他,要他出任鼓浪屿商会的会长。我祖父则咬牙挺着,坚决拒绝。后来龙头路开金店的黄水星把这职位谋去了,祖父才长吁了一口气。此后,他处处谨慎小心,天天躲到了闲别墅去念佛。"了闲"的主持人林寄凡虽然自己当了汉奸,但是还肯在那里掩护一些像祖父这样的不肯合作的人,使他们得以隐居。从1941年12月8日到1945年8月15日,整个日本占领时期,就是我祖父的"了闲"念佛时期。他很明确地以一个遗民自居,当然是以生活的极端困苦为代价。

"了闲别墅"的名字,是因为大门石柱上的一副对联:"听钟声歇事便了,看花影移心更闲",即取末尾二字。这副对联是从扶乩坛上得来的诗句,就是"了闲别墅"所供奉的主神娄真人的作品。这位娄真人,据说是明朝有名的谏臣杨继盛的后人,在明朝覆灭之际参军抵抗清军。他在福建建瓯率军守城,城破殉难,是一位忠烈之士。娄真人的信仰原是在福州,而王君秀、周醒南、卢季纯等人将之请到鼓浪屿来了。那了闲别墅就是周醒南、卢季纯他们合资建造的。一方面供奉娄真人和他手下的八大真人,另一方面也供奉观世音菩萨,竟是个佛道兼修的处所。

了闲别墅在日光岩西麓,地点隐僻,又不受日本人的骚扰,大概是鼓浪屿的唯一清静的地方了。这里的气氛非常神秘,经常有怪异的事情传说着。有时候,人们听到在楼上空无一人的房间里,传来穿皮靴的脚步声咚咚作响;有时候,那个扶乩的小男孩会忽然开口讲出一大篇他根本不懂的洋文,也不知是哪一个鬼魂附身。总而言之,这种种怪异的事情,也从一个侧面反映出日寇占据时期鼓浪屿的恐怖阴森的气息,那真是一个人鬼烦冤的年代!祖父和他的朋友们天天聚在"了闲"念佛,实际上也是一种消极的抵抗,"君子有所不为也",不合作的名人们舍此之外也就别无出路了。

这个时期祖父的身体非常不好。有一回他得了伤寒,差点就死了。这病来得太凶险,以至于拖了很久才渐渐康复。大病初愈,他想到花园去走走,这个花园当时正借给郭尚霖堆煤炭,门锁着他也进不去,就在外面站了一会儿。没想到当天两只脚就都肿起来了。我的父亲那时候还是个小孩子,有一天他去日光岩寺念经,听得人说那里有一位姓马的先生能治杂症,就跑过去想要请他到家里来给祖父看看病,马先生一问是黄省堂,就跟着我父亲回家来了。他一来就先念了个大悲咒,让祖父喝下咒水;又按摩了两次,果然就治好了祖父的病。

那个时候祖父还得了严重的胃病,每天晚上都疼得很厉害。后来到了闲别墅去扶乩,娄真人给个方子:静坐,吸气入丹田,然后慢慢呼出,又说每天要散步。我祖父都如法去做,每天散步的途径都是一样的:出家门左转,一步步走上坡道,一直走到内厝澳,再原路返回。他每天散步的时候都是我父亲陪着。就这样,慢慢地,胃病也治好了。如此一来,全家都信仰了娄真人。这些往事都是出自我父亲的回忆,他的亲身经历。总而言之,十分神秘。那个时代祸殃不断,民不聊生,装神弄鬼是很容易迷惑人心的,而现在恐怕没有人去相信这等事了。

当时的了闲别墅,神秘,偏僻,人们供奉着传说中的民族英雄的神灵,将古代和现代的危亡历史勾连在一起,以娄真人的英灵抚慰着人们痛苦的内心。令人感动的是弘一法师也曾到这里讲解《心经》,有资料说他在这里书写了他赠柳亚子的诗篇:"亭亭菊一枝,高标矗晚节。为何色殷红,殉教应流血。"其救国舍身的意图是很明显的。我祖父认识弘一法师,就在了闲别墅。祖父在这里成了一个彻底的佛教徒,并且让他的十一岁的儿子(我父亲)跟着日光岩寺的善琛法师学习佛经。父子俩同时皈依了密宗,祖父的法名是金刚牟尼,父亲的法名是金刚明王。后来我父亲和叔叔又在日光岩寺皈依善契法师,父亲法名为正宗,叔叔法名为正昙。

日光岩寺

弘一法师在日光岩寺东厢(1936年)

40

这就是日寇占领时期的鼓浪屿遗民的生活，是一个正直的知识分子在国破家亡环境下的不二选择。在这一时期，整个鼓浪屿处在一个非常恐怖的氛围之中，祖父的许多平时要好的朋友如殷雪圃等都变节了，也就断绝了来往。还有许多人被日本人抓进监狱里去受折磨。就在1941年12月8日日寇占领鼓浪屿的当天，一位汇丰银行的买办叶先生的父亲，一大早就气急败坏地跑到我们家来，说他儿子被日本人抓去，而且马上就被严刑拷打，打得大小便都失禁了。老人家走投无路，撞到我们家来，他以为我祖父曾任工部局的华董，认识的人多，或许可以有办法营救他儿子。可是我祖父自然也是束手无策，只能叫他去找一找林寄凡，这个人和日本人有瓜葛，不知道最后有没有营救成功。

就在那天早上，祖父担心电灯公司出事，依然照常去上班。不料一队日本兵已经把电灯公司围了起来。他们看到我祖父，二话不说就把他给扣押了。这边家里的人不知就里，等啊等啊，直等到中午都过去了，还不见我祖父回家。全家人心里又着急又害怕，那时我父亲才十二岁，往上则全都是女性，一个个手足无措。后来还是我祖父的二哥，就是那个喜欢读武侠小说、无拘无束的黄振国，拄着拐杖硬闯进了电灯公司，和日本兵理论起来。后来日本人了解了鼓浪屿电灯公司先前与他们曾有协议，即保留公司的产权同时向厦门那边的发电厂购买电力，所以最终还是放了人。我祖父有惊无险地回到家里。

又过了一天，祖父听说了他的老师洪显理也被抓进了集中营。洪显理，英国爵士，传统的苏格兰贵族，自1904年（清朝光绪二十九年）就来到鼓浪屿，创办了英华书院。但是三十七年过去了，他已经很老了。他脱略了当时骄傲、严肃的绅士气息,变成了一个鼓浪屿上的老洋人:穿着随意,散漫和蔼,操着地道的厦门话。他经常来我家同祖父聊天。只有在书信里,他还保留着当年的气度,落款明明白白写着"Your Master",我父亲曾经问祖父,洪先生为什么这么落款?祖父说:"你不知道吗,他是我当年的老师!"可见此时洪显理往日的风度已经消散不少了。可是,这样一个老人,却还难逃日本人的罗网。这位洪显理先生在牢狱里不堪折磨,才两三天就被整死了。当时鼓浪屿上的洋人和教会的人士都不敢出面处理此事,只有我的祖父黄省堂,拉上他的早年好友王世铨,二人一起到日本人的集中营里,认尸、验伤,而后带着尸体离开了集中营。因为我祖父当时还是黄氏家族的族长,就利用了他的权柄将洪显理埋葬在我们黄家的坟地里,就是后来的工艺美术学院边上的骆驼山。当时出殡的时候,祖父叫了几个吹鼓手,买了一副薄薄的棺材来收殓。而送葬的人就只有两个:黄省堂和王世铨。

祖父的老师洪显理(左二着深色西服者)与他所发起成立的英华足球队,鼓浪屿被认为是中国现代足球发祥地之一

这事情过去后,日本人仍然经常来骚扰我祖父,意思是要祖父投靠他们,出任鼓浪屿商会主席,祖父自然是不愿意的。那段经历其实非常凶险,因为跟日本人硬顶,最后肯定是死路一条的。好在吉人自有天相,当时龙头路上冒出一个开金铺的黄水星,正千方百计地想投靠日本人,并谋取商会主席之职;既然如此,日本人便不再稀罕黄省堂了。可是后来有一次,这个黄水星不知为了什么事情,被日本领事馆的警察暴打了一顿,他顿时满腹憋屈,竟然跑到日本军部去递交了辞呈,要辞去鼓浪屿商会主席之职。日本人也立刻同意了他的辞职,同时他们仍想着要迫使黄省堂出山。祖父听到这个消息大吃一惊,十分紧张,赶紧拜托林寄凡和林顶立(一个国民党的潜伏人员)去周旋,祖父自己也跑去找黄水星本人,劝他不要辞职。祖父对他说:"你已经做了,就千万不要再拖别人下水。"而黄水星此时也正为辞职之事懊悔不已,这个财迷心窍的人知道他的行事会给他自己带来多么可怕的后果!他急急忙忙地跑回到日本人的军部去把自己的辞呈要了回来,这事就这样得以平息。

在整个抗战时期,祖父的道路可谓是步步惊心。在当汉奸和被捕杀之间,生存的空间是非常狭窄的。祖父的名气使他不得不冒着极大的风险,而他的贫穷却又使他安然度过了这种种的危机。在抗战的那几年,我们家非常贫困,每个月每人只有十二斤的碎米,气味都是发臭的,还生了很多虫。米粒都是一坨一坨地黏连在一起,要做饭时,全家都得一起在那里剥米虫。但是那些台湾人和汉奸,却都是有鱼有肉,吃的都是凤来米。所以对于黄省堂而言,只有清贫是他的立足之境,没有第二条路可以走。

从1941年12月8日日寇占领鼓浪屿,到1945年8月15日日寇投降,这三年零八个月的时间是我祖父经历人生最大的考验的关头,他的耿直、谨慎、狷介和隐忍的性格使他坚守着贫困淡泊的生活,并安抚着妻子和九个儿女,挣扎度日直至光复。

# 第十章

黄聚德堂与自来水公司

41

总算熬到了抗战的胜利。当厦门光复的时候,我祖父被选上了市政府的参议员,他还被推为主席去迎接进城的国民党的军队。当时他对光复后的民国政府寄托了极大的希望和热忱:鼓浪屿结束了万国租界的身份,结束了日本占领区的亡国奴身份,终于回到了祖国的怀抱,这是我祖父一生梦想的实现。在这件事情上,他只是一个彻头彻尾的民族主义者,至于说三天之后国民党便以让世人失望的形象到处争夺利益,败坏民生,这却是祖父和他的朋友们做梦也想不到的。因此胜利不多久,祖父则又一次坚决地脱离了政治,与国民党政府了无干涉了。

这时候有一艘英国的兵舰访问厦门,令人意外地邀请我祖父和他的好友王世铨到舰上做客,他们俩却不知道为何会受到邀请。去到了军舰上,才知道是因为安葬洪显理的缘故。英国人特意为此向这二人道谢,感谢他们在当时的恐怖环境中见义勇为,妥善地处理了洪显理的丧事。而直到这个时候,我祖父和王世铨才知道他们的老师洪显理在英国原有爵士的头衔,他们还以为他只是个普通的传教士呢。英国人终于从黄家的坟地里把洪显理的遗体用军舰迁回英国,临行前一再向黄、王二人表示要答谢二位,而这二人却谢绝了,他们认为洪显理和他们是师生关系,为老师做这一切就道义而言原是应该的。英国舰长坚持说必须要满足祖父一个要求,于是祖父就要了一桶军舰上的灰色油漆,把他心爱的电灯公司的那一套西门子发电机油漆了一遍,剩下的又把我们家三楼的门窗和天花板漆了一遍。从此之后,我们家每次油漆门窗时一律就用军舰灰,其实这种色彩配上红砖是很好看的。

正好在这一年,鼓浪屿电灯公司终于还清了中国银行的贷款。祖父同黄伯权也有了交代,同时,他也感到精疲力尽。他自己说,十五年来他一身一担的压力是人们难以了解的,朋友们只看到他潇洒念佛,无所事事;家里的妻子儿女也认为他本应该如此劳碌,从不体恤。他自己大病了几回,也没人在意,其实全是由于内心的压力所致。他现在突然感到心灰意冷,所以在还清贷款之日,他就提出辞呈了。黄省堂辞去鼓浪屿电灯公司经理的另一个原因,是为了他的好朋友黄奕住的遗嘱。

黄奕住自从印尼回国以后,费尽心力为祖国、家乡的建设做出了许多的贡献。他为厦门鼓浪屿改善了整个民生的环境,他有着很强烈的爱祖国爱家乡的情怀。在抗战之初,他担心交通阻断而影响天津、上海方面的事务,就离开了鼓浪屿,常住在上海。其间发生了许多事情,我祖父无从知道。后来黄奕住得力的干将,中南银行的经理被日寇杀害了,黄奕住怀着巨大的隐痛,孤独地在上海坚守着他的产业。他虽然年迈体弱,却毫不动摇,一直坚持到日本人投降的前夕,终于一病不起。此时他留下遗嘱,要求阔别了多年,远在鼓浪屿的黄省堂前来帮助他分割遗产。他的遗嘱说,如因战争的缘故黄省堂来不了上海,就等十年;如果十年后还不能来,遗产的事务才由另外的人来处理。所以,当祖父得到黄奕住的死讯,当他了解了如此沉重的嘱托,便义不容辞地立即动身来到上海。

他到了上海,先是主持执行了黄奕住的遗嘱,然后还主持了黄奕住灵柩运回鼓浪屿安葬的事务,将一切对于亡友的责任都尽到了。因为黄奕住在鼓浪屿有许多固定的产业,于是建立了"黄聚德堂"来负责管理。祖父就在那里当上第一任经理,管理着黄奕住家族的不动产以及他们家族内部的一些事务。当时厦门有名的画家龚樵生的儿子龚鼎隆就在"黄聚德堂"给我祖父打下手,他是黄奕住的姻亲林尔嘉的姻亲。后来我祖父又聘请了洪山仰来担任他的副经理。当时黄氏家族还有几个位置让我祖父挑选:上海中南银行襄理;鼓浪屿自来水公司的经理;黄奕住的三子黄浴沂先生还邀请我祖父和他一起做美国棉纱的生意。但祖父向来十分害怕做生意的,他总是说,一想起要做生意就睡不好觉了。最后,祖父选择了鼓浪屿自来水公司,因为有一大家人在鼓浪屿拖着后腿,祖父就绝无只身留在上海的道理。

鸟瞰图(由西往东) 侧视图(由西北往东南)
水泵房侧视图 水泵房侧视图(由东南往西北) 水泵房正视图(由东往西)
(由西北往东南)

鼓浪屿自来水公司,祖父在这里服务了12年

黄奕住死后,几个儿子分别发展。长子黄钦书一直在上海,他在解放后曾任第三届全国人大代表、中央侨务委员。三子黄浴沂,我祖父称他为最善经营者,后来就到南洋去了。四子黄友情是黄奕住和发妻王时亲生的,还是林尔嘉的女婿,他所得的遗产份额是最大的,可是后来听说因赌博而死,令人唏嘘。黄奕住的后人之最让人尊敬的却是他的女儿萱姑,她也是黄奕住和王时亲生的女儿,从小父母爱之如掌上明珠,专门延师教学,她知书达礼,后来嫁了著名医学专家周寿恺。解放初在广州中山大学,黄萱担任了史学大师陈寅恪的助手,她出色地为这位胼足失明的伟大学者完成了许多艰难的学术工作,为我中华文化的建设做出了卓越的贡献。

祖父一家:右上角穿戴英华中学制服的是我的父亲,此照是为了送别大伯延庆(左上)往新加坡(1946年)

因为祖父担任了"黄聚德堂"的经理,在"文化大革命"时,我们家的成分便被划作了资本家代理人。其实我祖父为资本家们办的事情真不少,却从未获得什么利益。1980年代,香港的淘化大同公司派人来我家找我父亲,说要兑现我祖父的股票。父亲说他从未听说过黄省堂拥有淘化大同的股票!回想当时,祖父的确曾经为淘化大同的成立奔走了许多事情,看似是个核心的人物,但实际上资本家却不是他。从 1945 年算起,祖父在黄聚德堂三年,在自来水公司十年,都是纯粹的雇员。后来国家发起了社会主义改造运动,自来水公司成为厦门第一家公私合营的单位,此时黄奕住家提出要黄省堂也占有一些股份,祖父就把认购的股份写上了我父亲的名字,当时还不让我父亲知道,害得他在往后的政治运动中被整得莫名其妙。

第十一章

晚 年

42

抗战胜利之初,关于我祖父,还有一个小风波,就是英华中学的一些人去向英国伦敦公会提出要罢免黄省堂的董事长职务。他们的理由是英华中学是教会办的学校,董事长当然必须是由信仰基督教的人员来担任。过去黄省堂虽然不是信仰基督,但他在工部局做事,与洋人过从甚密,又是金禧甫、洪显理最得力的骨干,所以一直以来兼任着英华书院的董事长。可是后来,黄省堂已经渐渐游离出洋人的圈子,往来者都是比他大二十来岁的耆旧遗老;特别是抗日战争时期,黄省堂公开皈依佛教,并且加入藏传密宗佛教,已经和过去的身份大相径庭。而英华中学作为英国伦敦公会所创办的学校,一切都要以基督教义为准绳,不能再允许异教徒来担任董事长一职。

这是一个道貌岸然的申请。对我祖父而言,他是不太在意的。他那个时候已经是一个心胸淡泊的老者,不会为自己作任何申辩,也不会留恋这些虚荣的头衔。然而,英国伦敦公会的回复却出人意料,英国伦敦公会的回复是不仅保留黄省堂董事长之职,而且更进一步,确定黄省堂为"终身董事长",不许再有异议。按照伦敦公会的意思,英华中学作为一所学校是以科学的教育为唯一的目的,她是教会所办,但不是为教会而办的学校。而一所这样的学校的董事会应该由品学兼优、人格高尚的人来担任董事长,他们认可黄省堂的人格风范和多年的工作经验,所以希望他终身留任董事长职位。伦敦公会的这一个回复使我祖父感到安慰,他这一辈子服务的单位很多:工部局、文圃茶行、大中轮船公司、鼓浪屿电灯公司、黄聚德堂、鼓浪屿自来水公司等等,他都只是视为谋生之所需;唯有英华中学才是他深情之所系的地方。祖父一辈子自视为一个教员,就说明了在英华,他感到这是自己的根系所在,而终将以之为归宿。这一点他的好朋友,英华中学的副校长王世铨最为了解。所以说,英华中学董事长的职位虽然是个虚职,但英华中学的关系却是我祖父很看重的。后来他死的时候,英华中学(那时已经叫作厦门第二中学)有许多师生来为他抬花圈、送葬,人若有灵,祖父定是非常欣慰。

43

祖父作为英华中学的董事长,和校内各方面的人物都有所接触。他的三个儿子都在英华中学读书:长子黄延庆是1946年高中毕业的,他在学校里热爱体育,篮球打得很好,学业也很出色。他还在校外向李绣伊学习国学和书法,一手欧体字写得很地道。2018年,我还收到他从新加坡寄来的春联,95岁了,书法还很稳健,看得出是有功力的。他在读书的时候从没有参加过英华中学的任何党派的活动,这点不像我的父亲。他中学一毕业就到新加坡去谋生,去发展了。

次子黄延祚(我的父亲)则是个活跃分子,又办刊物,又办夜校,还喜欢和进步的师生在一起,因此引起了特务们的注意。但是我祖父对此也并不在意。当时有一个进步的老师叫黄猷的经常来找我祖父聊天,祖父通过他了解了儿子的所作所为,心里还十分赞赏。直到有一天夜里,蔡丕杰特意上门来,向祖父谈到黄延祚将面临的危险。蔡丕杰当时是英华的副校长,算是中间派,他了解到学校里的右翼分子和一些特务学生已经要对我父亲和林甘泉、汪易洋这些进步的青年开刀,所以他极力劝告我祖父不要将黄延祚留在鼓浪屿了。当时我祖父是很信任蔡丕杰的,首先是对他的能力很赞赏。当年蔡先生在香港的拉撒学院有着非常丰富的教学经验,他自创的教学法也令我祖父相当佩服。所以祖父相信蔡丕杰先生的判断,并对他言听计从,当下就把延祚送走了。先是去了台湾,后来又转到了香港,这些是后话了。

三子黄延祥曾经因为肺病休了一年学,所以没有赶上那个风云变幻的年代。他对英文情有独钟,这一点继承了祖父。所以祖父又特地请了吕建元老师来辅导他。吕建元当时才三十多岁,听说他的口袋里总是装着一本英文小说,走到哪读到哪,手不释卷。我祖父非常看重他。他的父亲可是我国第一个直接从希腊文翻译《圣经》的人,非常了不起。我听到叔叔延祥亲口对父亲说,吕建元老师根本没有拿圣经来教我叔叔,而是把一本叫《情书一束》的小册子拿来教他,勾引他的兴趣,这也算是一种趣味英语教学法了。

吕建元老师解放后在双十中学教书,他和燕京大学出身的严芬老师一样,都是非常优秀的英语教师;本来北京的外交部还打算把他调去,当他在接受测试的时候,面对着要他翻译的文件《九评》,一下子傻了眼:他再精通中、英文,读了一大堆的哈代、狄更斯,也无法翻译从未关注过的政治术语。于是当然就很遗憾地落选了。

英华中学始终在我祖父的生命里,然而到了晚年,他在英华中学的老交情就只剩下一个王世铨了。人生一回头,已经四五十年过去了。当他们同窗学习的时候,头上还留着清朝的辫子;他们一同毕业,一同任教,一同上美国军舰当翻译。日子过得飞快,而人到了越老的时候,往事就愈加清晰地盘踞在脑海里。就我祖父和王世铨而言,他们一生可谓阅尽人间冷暖,所认识的形形色色的人物恐怕数也数不过来。可是到了晚年,沉淀到最后的老朋友,却只剩下这一对早年的同窗。"人生得一知己足矣",在祖父和王世铨之间,的确令人有着这样的体会。到了1957年底,人生落幕的时候,我祖父撒手归西,王世铨也瘫痪不能动了。他要求我们家在祖父出殡的时候,无论如何要让祖父的灵柩从他家门前经过,让他最后再望一眼老朋友。这等深厚的友情,在今天恐怕也已经成了绝响了。

44

再说说解放前夕祖父的经历。1949年,蒋介石撤退到了厦门,那个时候厦门的气氛异常紧张,风声鹤唳。特务头子毛森掌管着厦门城,实行戒严。蒋介石本人则住进鼓浪屿中德记的黄家花园。即便是在败亡之际,他的生活依然是奢华的。祖父曾对父亲讲过,说蒋介石有一天吃午饭时,突然要广州餐厅为他做一份鸭舌。当时的物资非常匮乏,一家小餐厅要上哪儿去寻那么多只鸭子来宰杀!自然是怨声载道。那个时候,垂死的国民党只有一个任务,就是疯狂反共,民生是全然不顾的。毛森亲自操刀,组织了一个反共委员会,把全市大大小小所有的名人都圈了起来。很不幸,也有一张委任状落在了祖父的办公桌上。

现在回想起来,我祖父的确幸好是个书呆子,他根本不知道这事情的轻重,想当然地以为自己早就不跟国民党政府有任何关联了,怎么会去参加这种组织?所以当时想也不想,就将此委任状原封不动地退了回去。那毛森是怎样的一个人啊，什么时候容许过有人竟敢这样对抗他的？果然那特务头子一下子暴跳如雷，马上勒令逮捕黄省堂。这件事其实是非常凶险的，因为祖父一旦被捕，那么祖父的女婿、女儿、儿子参加共产党革命的事实如何隐瞒得住？后果一定是必死无疑的了。好在祖父的一个好朋友陈荣芳当时正担任厦门市长，极力在毛森面前替祖父开脱。陈荣芳原是孙中山的战友，辛亥革命的元老，在鼓浪屿居住多年。这回因为蒋介石要待在厦门，厦门市的行政地位就升格了，所以把他请出来担任市长。他知道毛森组织的反共委员会的主要目的是要筹款，所以就告诉毛森：这黄省堂一介平民，空有虚名，实无财富；书生意气，不懂政治。所以毛森就看在陈荣芳的面子上放过了我祖父，没有来抓人。后来祖父每当回忆此事，仍是惊颤不已。因为祖父在解放前曾担任过短时期的厦门市参议员，又在抗战胜利时被推作主席去迎接入城的国军，所以解放后有一段时间他被编入特种户口。在民主建政之后，组织上才知道他曾经退还毛森的委任状，拒绝担任反共委员的事情，认为他是一个有正义感的民主人士，也就十分器重他，让他列席人大会议，后来又成为政协委员。

蒋介石和国民党终于都逃到台湾去了。解放军进入厦门。那天早上，我祖父在家里闲坐，忽然有一位解放军来到我家，径直走上三楼来敲门。邻居们不知道发生什么事，只说是要来清算了！开始要清算了！大家都闭户躲着。过后才知道原来是我父亲的战友郑清华前来探望，向我祖父报平安。说我大姑父和父亲现在福州整训，不久就能回到鼓浪屿来了。这一下，祖父一家喜出望外，可邻居们却都吓出了一身冷汗：原来在毛森统治的时候，厦门实行非常严格的五户联保制度，哪一家要是通共产党，则五户人家都要受到株连。当时邻居们都争着要和黄省堂家联保，以为是最安全了,谁想到这家人一下冒出了这么多共党分子,想想都后怕。直到十几二十年之后,我的三姑四姑还每每说起那一天发生的事情,还是那样的趣味盎然。

45

新中国成立的时候,我祖父刚过了六十岁,人生走完了一个甲子。这六十年的坎坷生涯,从他的容貌上就体现出来了,他看上去十分的憔悴,不像是六十,倒像是个七八十岁的人了。可是他的内心则到此时此刻才真正活跃起来。过去在日本人和国民党统治的时候,他出门都只穿中国人的黑布长衫,现在他又把雪白的西服穿上了,夏天还戴着一顶白色的硬壳帽子,就是南洋的华侨流行的那种。只是他已经是手杖不离身,走到哪里都得拄着。每天早晨,他都是这一身打扮来到花园里。这个时候我家的花园是很美的:中德记黄奕住家的老花匠也兼管着我们家的园艺。上下二层的花园分别种植各色各样的玫瑰花和菊花,而且来参观的人也不少,可以说有些名气了。有时候有几个顽皮的孩子来摘花,祖父只是生气地用手杖捣捣地板,却没有力气去制止,他自己也感觉相当老了,虽然才六十岁。

解放后,祖父又开始忙碌起来,这回全是他自己主动地工作。在抗美援朝时期,他常常要给海内外的朋友写信,鼓励他们为祖国的胜利努力捐献,他当时在南洋有许多的朋友,他们也都听从祖父的意见,为国家捐献金钱和物资。

祖父一心想为新中国做些事,但是他力所能及的,也就是宣传了。当初他曾经去上海参加了陈毅市长的报告会,回来后他就积极鼓动黄钦书等人与政府配合工作。因为当时焕然一新的政治风气和政府对于工商业的政策都使我祖父深为感动,他的长达六十年的人生经历，可以说是半殖民地半封建的各种体制的见证者，而直到此时，他头一回作为中国人体验到了扬眉吐气。

紧接着就是公私合营的运动了。祖父所经营的鼓浪屿自来水公司是全市第一家参加公私合营的。因为祖父认为，这种关乎民生的工程单位，的确需要政府的力量。总而言之，新中国初成立几年间的那一股朝气，使祖父异常欣喜，他的民族的自豪感此刻正处于巅峰的状态。他参加了工商联，进了文史馆，列席人民代表大会，当选政协委员，以垂老疲惫的身躯投入了繁忙的工作。

1956年鹰厦铁路竣工通车的消息更使他兴奋不已。他想起了当年雄心勃勃的知交黄奕住，曾以超人的毅力和担当，决心在家乡铺设铁路的壮举。结果就是那条铁路把这位华侨领袖折磨得心灰意冷。环境的黑暗使得这位大实业家最终一筹莫展。而今的鹰厦铁路，在短短的时间内，穿山越岭，直抵海滨。光是在那条海堤上奋斗的人工，就足以惊天地泣鬼神了。祖父在这个被现在的人称为中国最先进的社区的鼓浪屿生活了六十多年，他根本无法想象这样巨大的工程能够实现。他感受到了共产党和人民政府的力量，感受到了英雄的人民军队的力量。当被邀请参加首发列车典礼时，他费尽心思地找出了一块玉佩来作为献给解放军工程兵的礼物。祖父说：至坚者为玉，至洁者为玉，这种坚强而纯洁的品质，唯有人民解放军的士兵足以当之。

谁都没有料到，祖父此时已经走到了生命的尽头。也许他自己还沉浸在幸福里。1957年，我父亲已经从福州调回厦门与家人团聚，而且还带回了一位妻子：东吴大学和复旦大学出身的女教师。当我母亲对着祖父鞠躬时，祖父高兴地拿出一方古砚、一支金笔和二支蒋介石用过留在中德记的毛笔（这毛笔据说非常好写，可是我母亲不懂得珍惜，在我祖父办丧事的时候，拿出来给人写花圈，完全弄坏扔掉了）。祖父说我母亲字写得好（她练过黄庭坚的书法），所以用这些雅物来做见面礼。不久之后，我母亲怀孕了，祖父更是高兴，他每天清晨就到楼下花园里采一枝玫瑰，亲手插在一个康熙时代的青花婴戏小梅瓶子里，放在我母亲的床头。母亲后来对我说："你祖父真是太风雅了，他天生具有诗人和画家的心灵。"可是那个小花瓶后来被我母亲粗手粗脚地把口沿给磕破了。

祖父的最后一张全家照（1957年），后排右起二、三是我父母

祖父生病的事，当时全家人都不知道。他的妻子儿女都不曾细心关怀他，没有人发觉他的身体有什么变化。在一次宴会上，有一个行医的朋友发现我祖父吐的痰是褐色的，他非常吃惊，就问起了在座的林遵行医生。林遵行是鼓浪屿的名医，也是祖父的好朋友，祖父身体有什么状况都是请他诊治的，但是他因为经常跟我祖父在一起，所谓"不识庐山真面目，只缘身在此山中"，平时也并没

有太在意我祖父的病，以为爱咳嗽不过是长期抽烟引起的。祖父烟瘾很大，又喜欢抽雪茄，所以痰多不足为怪。但是在那次宴会之后，朋友们就催促我祖父赶快上医院检查，结果X光一照，就确定了是肺癌的晚期。当时只有我的二姑陪着祖父去做检查，可是她也一直把真相保密着，家里的其他人根本不了解祖父的这个病情。

过了不久，祖父就死了。他临死的时候只有我母亲在场，母亲正在喂他吃粥，母亲说，看他大口大口吃着，求生欲像是很强的。可是不一会儿，他紧紧地握住我母亲的手，嘴巴张开，说不出话。忽然咳一声，一副假牙掉了下来。母亲一下子慌了神，连忙把手伸到祖父的鼻孔下面，已经全然没有气息了。

母亲一面把家里人都喊过来，一面到公共电话亭去打电话通知我父亲，大家这才忙乱了起来。祖父的丧事办得很隆重，当时厦门市政协主席肖枫亲自做了黄省堂治丧委员会的主席，政府还特批了五十丈的黑布让我们家制作丧服，这一切都让我的父母非常感激。

祖父的老朋友们都来吊唁，李绣伊很悲痛地说："黄花谢了，其他的花还能保持多久呢？"没过几年，李绣伊临死前就告诉我父亲，当年一语成谶啊。

祖父的印章

祖父的压尺、墨盒、水洗、端砚

祖父的水盂

祖父的茶具

祖父出殡时,送葬的队伍很长,当时除了英华中学的学生来抬花圈之外,我母亲在双十中学所教的两个班的学生也来帮忙,队伍从维新路上去,绕道王世铨老先生的家,又回到四丛榕,最后是在美华旁边的浪荡山上火化了。火化时严格地依照了佛教的仪式,坐在龛内,披了一件陀罗尼经被,最后遗留下了干干净净的白色的骨灰。

我祖父葬在南普陀边上的佛教徒的公墓里,墓碑是太虚法师题写的。

祖父身后留下的钞票一共四块钱,我父亲得两块,叔叔得两块。他留下的房子,我们现在还住着,不时地维护修缮一番,这房子也已经九十七岁的高龄了,被评定为鼓浪屿岛上的历史风貌建筑。

黄家屋顶上看西南方向的景观

下编 黄吟军

下篇　黃世華

第十二章

父亲的童年

46

祖父死的时候,我父亲二十八岁,我则还在母亲的肚子里。父亲当时的心情非常焦虑,因为这个变故把他推向一家之主的地位,他要继承这个家,而这个家正面临着分崩离析的态势。祖母硬要让全家人挤在三楼一起生活,她说她害怕屋子里空荡荡的感觉;但是几个姑姑和叔叔正谋划着如何把户口分出去。树倒则猢狲散,这是自然的现象。但是这两种后果都不是我父亲所想的,他依然希望依托着我祖父的英灵将往日的生活持续下去,他害怕变革,时时紧张,以至于在祖父出殡后突然爆发了严重的角膜炎。据我母亲说,父亲眼睛当时红得像辣椒一样。起先吃了方织云医生开的一些降火药,病发作得更厉害了;后来听了一位老中医也是我们本家的黄奕田的话,买了几斤羊肝来吃,反而渐渐地好起来,这才叫作辨证施治。

母亲说,祖父的死,父亲脸上一滴眼泪也没有,但他的心悲伤到了极点,他满脑子都是祖父生平的影像,嘴里一直念叨着祖父传授给他的格言——那几句平常的格言:"国有道,贫且贱者耻也;国无道,富且贵者耻也","素贫贱行我贫贱,素富贵行我富贵"。父亲深知,这几句老生常谈对于祖父的意义多么重大。

父亲回想着祖父的一生:他没有一天不忙碌,却没有建立什么功业,而且,没有钱;他在学术上,艺术上始终是个业余爱好者;他虽有开化的思想,却实实在在受着封建家庭观念的约束;他的性格非常刚强,却有意回避和远离一切斗争。但是,父亲总认为祖父的一生具有很大的价值,这价值并不表现在世事的成败上,而在于他的内心的优越。祖父的七十年的生涯,经常处于复杂甚至是肮脏的环境中,三教九流都要接触,可是他终于是干干净净地存在,真可谓是"蝉蜕秽浊之中,浮游尘埃之外,皭然涅而不淄"了。他辗转于所被雇佣的各式各样的机构,他经常惴惴不安;虽然如此,但都留下了人格上的好评。英国人、日本人和国民党都不能使他屈服,他受人尊敬。当我祖父死的那一刻,父亲很清晰地认识并且继承了这一点。在此之前,父亲的情绪经常起起落落,生活也经历过一些巨大的颠簸,可是在此之后,父亲却变得判若两人,他平静而宽广,直到终身。

47

我的父亲生于1929年10月26日,他是我祖母亲自哺乳的孩子,而他上头的六个姐姐以及后面的弟弟都是请奶妈来喂养的,可见祖母对他的疼爱与众不同。我的三姑当时十岁,竟然辍了学来专门照顾他。后来父亲上幼儿园时,也是我三姑负责接送。三姑曾对我说起父亲小时在幼稚园里,边跳舞边唱着"大拇指在跳,食指也在跳……"的歌曲,他们的姐弟感情一辈子都很深厚的。到了读书的年纪,祖父就常把父亲带在身边,这对祖父而言也是头一回;过去一大堆女儿在家里嬉闹,他是不曾管束的,他的重男轻女,现在看起来实在有些离谱。

父亲的童年过得养尊处优,但是很快地就转入贫困匮乏——因为日本人来了。祖父当时心中的忧患引起了身体上的许多疾病,一下子就显老了许多。父亲则天天陪着祖父在家门口的坡道上散步,旁人看起来就是个父老子幼的悲伤的画面。那时候,祖父上班时也常带着父亲,到"了闲"念佛时也带着他,后来竟然还把父亲托付给了日光岩的善琛和尚来教导,天天学习佛经。父亲说,一开始就是背诵《大悲咒》,通篇的印度话不知所云,多亏是个孩子,很快就背熟了,成人是不容易背诵的。父亲接着又学了《法华经》的一些片段和《阿弥陀经》等等。父亲曾对我说:"很意外的,我的古文的功底全由佛经来培养。文学和哲学的种子就是从学佛的过程中发育起来的。"而这一个特殊的起点就形成了父亲学术上的与众不同的特征。父亲在佛学上有两个师父,一位是禅门的善契法师,父亲皈依时法名"正宗";同时又拜了善见法师,他是密宗的和尚,给我父亲取名"金刚明王"。那个时候,我父亲还不到十二岁。

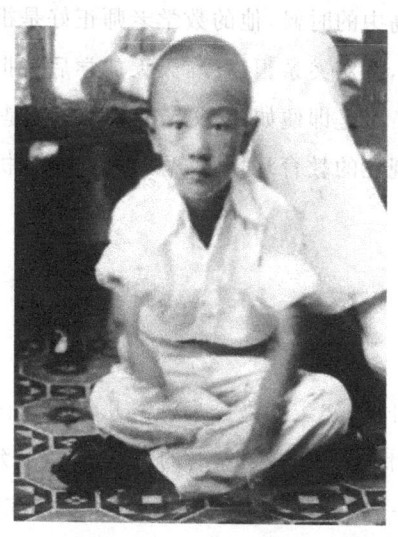

父亲七岁(**1936**)

儿童的心灵是非常单纯和仁厚的,父亲在日光岩念经时,偶然看到了一位姓马的老先生在那里给许多人看病,好像是个了不起的医生,父亲想到了家里病重的祖父(他得了伤寒,加上营养不良,内心忧虑,一时就卧床不起了)。父亲当时就挤进人群里,想要求马先生到家里来为我祖父治病,父亲对他说:"阿爸的双脚已经肿得不能下地了。"马先生听到这孩子的父亲就是黄省堂,二话不说就跟他回家,这位马先生果然有办法,二帖药,一道符水,就治好了祖父的病,而且还当面夸奖了父亲的孝心,这事也让祖父很欣慰。

从学做人到学文章,父亲在缺失了小学教育的情形下,从寺庙里补上了功课。日本占领时期的小学基本上就没读什么书,只上半天的课,而且多有奴化教育的内容,根本不能培养人才的。而父亲却从佛经里学到了理论和文章的基础,并培养了学术的兴趣。可是也正因为走了这样的途径,他的数理学科的成绩就一直是很差的。后来读高中的时候,他的数学老师正好是祖父的好朋友王世铨,是个名师,又对父亲很疼爱,天天放学后就把父亲拉到他家作课外的辅导。可是即便如此,父亲的数学依然是不及格。我想,要是父亲处于现在的教育环境下,恐怕就很难有机会在社会上展现他的才华。

48

从认识字开始,父亲就是个书痴。几年前我在新加坡和大伯父聊天,听他回忆起我父亲少年时的光景,他说:"延祚爱看书入魔了,他在后厅有一张属于自己的小书桌,只要是在家里,他就总是在书桌前待着,天黑了也不离开。家里的人有时为他煮了一些面线作点心,放在他面前,他都忘了吃,总是一再回炉加热。"

父亲的热爱文学也是从日光岩寺受到的影响。日光岩的僧人不仅教导父亲有关佛教的内容,而且也不经意地影响了我父亲对新文学的兴趣。父亲晚年有一次很出神地对我回忆起小时候一个冬天的早晨,暖洋洋的日光之下,他看到青年僧人觉星一个人在那里读书,父亲以为他正在温习佛经,走上去一看,居然是鲁迅的《伪自由书》,觉星法师眉飞色舞地对我父亲大谈这本书的美妙,引得我父亲也很想去搞一些这类书籍来阅读。很快地,父亲用他的零花钱到旧书摊上买了几本鲁迅和周作人的散文,而后就是冰心、朱自清、俞平伯、丰子恺的一路买下去。购书的乐趣贯穿父亲终生,可以说这一乐趣成为他的人生的唯一的嗜好。

从那时起,旧书摊就成了我父亲的"儿童乐园"。父亲回忆说,鼓浪屿的电灯巷一带有许多旧书摊,有的规模还很大,比如一家叫"三余"的书店,店主人的名字叫有春,矮矮的个头。他的店里设有卖书的柜台,也有租书的柜台。那个租书部平时的顾客多是毓德女中的学生,她们喜欢看流行小说。在卖书的柜台里,有着很齐全的新文学的作品。父亲就是在那里买了全套的鲁迅和周作人作品的头版印刷品。这些旧书我很小的时候也还有些印象,封皮和内页的色泽都很暗,但纸质很好,印刷的油墨闻起来还香香的。后来这些书就都不见了,原来在1959—1961年的三年困难时期,父母亲把它都卖给了厦门古旧书店的小陶,然后用那些钱下馆子去了。父亲说,这样也好,省得留到"文化大革命"叫红卫兵来抄家焚毁。

在整个日寇占据时期,旧书摊是我父亲童年的唯一去处。就像是密室里的一个天窗,引导着心灵之翼自由飞翔。现在生活在五光十色环境中的少年儿童,是无论如何也体验不到那种从极苦闷的极沉重的环境中透一口气息的感受,这种感受打造了我父亲的特殊的心理形态。甚至到了晚年,只要他一进书店,就有一种如鱼得水的解脱和重生之感。

第十三章

参加革命

49

在青春的岁月里,如饥似渴地读书,海阔天空地幻想,父亲自然而然地鼓起了文学创作的风帆。他开始学习写作,一时创作了许多诗歌。父亲说,当他头一次把发表在《江声报》的诗拿给祖父看时,祖父摇摇头,表示新诗不入他的法眼。但是他也不阻止,一任我父亲爱写什么就写什么,爱怎么写就怎么写。父亲是九个兄弟姊妹中唯一自己拥有一张书桌的人,它就安放在后厅佛堂的北窗之下。那里很安静,一天到晚都没有人来打搅他,他就在那里展开无边的梦想。父亲终其一生都是如此——只要有一张桌子,无论搁在什么地点,他都可以满足了。"文革"前他用的是一张红木书桌;下放农村时他花了三块钱买了一张摇摇晃晃、没有上漆、没有抽屉的杉木桌,回城以后仍在使用;后来那桌子两端翘起变形,支架也塌下来了,他又换一张很简陋的黑色的普通办公桌;桌面上的玻璃板破裂成几片,他用胶带贴着继续使用。总而言之,父亲的生活只要有一张桌子就行。他一辈子都没有辜负那张书桌,没有一天不与它亲近。

在青春岁月里，自然有一群热爱文学的伙伴相聚在一起，他们彼此钦佩着对方。父亲直到晚年，还一直对我谈起黄奕阳、陈志忠和洪卜仁等少年时代的朋友，赞叹着他们喷涌的才华。洪卜仁当时主办了一个文学刊物，叫作《曙光》，也成了大伙儿发表作品的平台。根据洪卜仁先生的回忆录，《曙光》的写作者竟有二十多人。包括后来成为我的语文老师的陈中柱先生和我在美术界熟识的张幼培先生，也都是那里面的成员。

那个时候的那些作品，到现在早已灰飞烟灭了。连我父亲本人也记不起他当时写些什么。但是他告诉我他的文风是倾向于周作人的，他特别喜欢《雨天的书》、《自己的园地》等早期的周作人的散文。我奇怪地问父亲："为什么一个年轻人会喜欢这类文章呢？"他回答我说："也许和日光岩寺读经的经历有关吧。"父亲特别倾向于平静而自然的，甚至是冲淡的文风，这一点的确跟别的孩子不同。我又问他："那么朱自清呢？"父亲回答说："当时只喜欢《踪迹》里面的一篇《毁灭》。""那么鲁迅呢？"我又问。"《华盖集》"，父亲答道："它引起了我对五四时期的故都北京的向往。"父亲的文字趣味从那个时候起，一辈子都没有改变。

任何一本书在不同的时间阅读，感受是完全不一样的。这倒不在于人们一时的见解，而是关乎一时的情境。父亲在少年时代读二三十年代的文章，是一下子就沉浸在那浓郁的氛围之中的。文章所讲的一切都是明明白白地让人了解，不须加以解说的。而现在的人再读那些东西，则解说的版本就已经五花八门，无论如何也搔不到痒处。那些作品虽然令人佩服却不甚令人动心，尤其不能唤起青年的同情心。也许只有老学究，或者还可以在云外与之共鸣吧。父亲到了晚年，完全不再看那些东西了，可是当他发现书店里有那种原版复制的鲁迅的《野草》之类的书，就立刻买下来而且长时间放在手边读着，他其实是坠入到青少年时代的情境中去了。"猩红的栀子开花时,枣树又要做小粉红花的梦,青葱地弯成了弧形了……"我不知道父亲读到这些文字时,心里会是什么样的状态。

50

学生时期的父亲(左)和他的文学朋友崔翰达(1948年)

父亲为新文学所鼓动而积极地投入社会,是在读高中的时候。那时日本已经投降,英华中学恢复了旧观。父亲十六岁,正在读高一,他的才华也开始绽放了。他结识了一批很有朝气的文学青年,其中一个叫崔翰达的与他的感情最笃,他们俩朝夕相处,逛书店的时候一定是彼此邀约着。有一回他们经过同学杨纪波的家,见他的父亲在家门口也摆了一个书摊,就走过去瞧瞧,发现其中有一本刘大白的《旧梦》,印得很漂亮,两人都很喜欢,但是价格标得很贵,我父亲隐忍着放弃了,而崔翰达则掏出了口袋中所有的钱将它买了下来,他的豪气使我父亲很佩服。为人的豪爽,也反映在创作风格上。父亲说,在学校里,崔翰达的文章屡屡为老师表扬,几乎每篇都被列为优等。正所谓"文以气为主",我的父亲是擅长写那种细腻清新的小诗的,所以看到了崔翰达的年少气盛的文字就产生了钦佩的心情,这是他自己所不能的。父亲一直到晚年都很怀念崔翰达,他很早就出国了,后来长期待在荷兰,上世纪九十年代曾经回来一次,特意来我家里访问,后来又失了音讯了。

除了崔翰达,我父亲还有一帮很要好的朋友们:林甘泉、程忠民、黄奕策、戴世辉、黄易阳、蔡国镇、郑德辉等等,他们的关系非常密切,不是一下课就散伙的那类同学。他们课前课后有很多的时间互相交流,互相鼓舞。他们不满足现状,迫切地想要在现实的生活上崭露头角。除了文学写作之外,社会实践的任务也同时向他们招手。于是,在1947年,他们自行创办了一所夜校。几个同学分工合作。戴世辉做总负责人,我的父亲则担任教务的职责,而他的副手就是崔翰达。这些青年人一开始就相互配合得非常融洽,每个人都热情地工作着,都投入了巨大的精力在这项事业上。果然,众人拾柴火焰高,夜校成立才一年,就已经有了基础和规模,学员也越来越多,在鼓浪屿都有了一定的声望了。

这个事件对我父亲的影响是根本性的,他的第一个社会实践是办学——不是教学,而是办学,而且不是办一般的学校,而是业余的学校。在这里,除了求知之外没有任何别的目的,是非常单纯的教育项目。它给我父亲一生的事业注入了一个基因,从这里开始,"办学"就是我父亲一生的理想。虽然在当时以及后来很长的时间内,我的父亲并未自觉到,这一次青春时期的社会实践构成了他的人生宿命的第一个章节,但事实就是如此。"自一以分万,自万以治一",父亲的漫长的一生所经历的事件非常多,境遇也总是变来变去,然而,唯有"办学"一项是他的生命的主轴。

英华的夜校办得风风火火,引起了多方势力的注意。当时共产党的地下组织也曾经与他们接触,所以像我父亲、林甘泉、郑德辉、黄奕策这些人就渐渐地转向"左倾"。同时,三青团也注意到他们，蔡丕杰是当时英华的三青团负责人，他在学生中具有影响力，他们在学期结束的时候，也拨了一小笔钱来奖励这些办夜校的同学，但其目的是要将这所民众夜校划归三青团所有。这样一来，办夜校的同仁们就开始分化起来了。如何应对三青团的奖金，同仁们形成了三种不同的意见。有些人认为是不应该接受的；有些人认为可以拿这笔钱去买一些进步书刊，为我所用；还有一些人认为买书不是迫切的需求，还不如拿了钱下馆子。三方的主张不一致，我父亲夹在中间，崔翰达也是完全灰色的，没有发表任何意见。可就是为了这一点事，这所民众夜校的办学方向也引起了争议，是进步还是保守，斗争就激烈起来了。此时我父亲这一届的学生也将要毕业，很快地就要离开英华了。这所民众夜校就要由下一届的同学接手办下去。后来，这所夜校是一直走向进步了。听父亲说，有一天他特意走到夜校去看看，听到了里面正在高歌着革命歌曲，充满着革命的朝气，他感到无比欣慰。实质上这所民众夜校的发展，也只能是汇入时代的革命大潮中，这也是创办者的初心。后来，整个英华中学也渐渐地成为中共地下组织活动的地方，有许多的老师和学生就在英华中学加入了中国共产党。

51

短短的几年，我父亲从一个驯服的初中生转变成了一个激进的高中生；读的从日光岩寺的经书直接蜕变为共产革命的理论。这是如何可能的呢？我父亲的心里很清楚这个答案——民族意识的觉醒。

在日本帝国主义的统治时代，作为一个亡国奴，父亲心中的民族意识是很强烈的。日本人不停地胁迫中国的青少年接受他们的奴化教育，每当日本军队在太平洋上节节获胜的时候，鼓浪屿上的学生们就要三天两头地参加庆祝游行。领头的用日语高呼着"万岁！万岁！"而孩子们则用厦门话高呼着"拉屎！拉屎！"（闽南语"万岁"和"拉屎"的读音乍听起来是没有分别的。）到了日本投降，人们一下子扬眉吐气了，青少年的热情则更加高涨。这个时候的鼓浪屿人对于当前的国民党是一无所知的，因为没有接触过，只道是中国人自己的政权。所以在厦门光复之初，就有许多青年人参加了三青团组织，我父亲也是其中一个。可是，没想到他们的民族意识很快地受到了极大的打击，那就是1946年发生的美国士兵强奸北大学生沈崇的案子。这样的罪行本来到处都有的，但是此时此刻在中国人的心里却点燃了巨大的怒火。鼓浪屿当时也发生了类似这样的事：一个从日光岩走下来的美国大兵，在街上用小棍子挑起了一个姑娘的裙，结果是被一大群愤怒的居民一路驱赶。美国大兵逃之夭夭，民愤却还难以平息。在这种情况下，本来未愈合的伤口又遭受了新的创痕，新恨叠加着旧恨一齐爆发。人们对国民党政府极度地失望，青年们终于渐渐地倾向革命而且纷纷起来斗争了。

从那时起，一直到两年后的反饥饿反内战的斗争，英华的学潮汹涌澎湃。而共产党组织也看到了在青年学生中大有可为，及时参与并领导了斗争。当时英华中学新来了一批教师：陈洪之、林和济，特别是黄猷，他们努力引导学生参加革命运动。

黄猷先生和我祖父的关系很密切，又是直接教我父亲的老师。虽然他只比我父亲大三岁，但是思想已经很成熟了。父亲回忆说，黄猷老师教学似乎是很敷衍的，但在学生中却有很大的影响力。他在上课时会问大家说："饿了吗？"学生回答："饿了！"于是就提前放学。有时他问："冷吗？"学生答："很冷！"于是就到操场上去晒太阳。学生们知道他是进步的教师且有革命的理论，就请他做报告，谈谈各地反饥饿反内战运动的情况。但是他只是很表面地谈谈，并没有表现出激进的态度。他当时是有意识地隐藏着自己的真实身份,学生们都不知道。我父亲也是直到解放以后才了解黄猷老师原是中共地下党员,奉命到英华中学发展城工部的组织工作。正因为如此,英华中学实际上已经成为中共地下党活动的一个基地,有许多师生就从这里投身革命;同时,反动派的势力也越来越猖獗,斗争也变得非常激烈了。

52

在父亲高中毕业的时候,厦门的白色恐怖已经很厉害了。只要是稍稍倾向进步的青年,都面临着迫害。因此,当蔡丕杰老师向我祖父透露了当局对我父亲也开始注意了的信息,并催促我父亲离开厦门时,祖父便不得不同意父亲离开。父亲原打算到香港报考达德学院,这是一所新兴的大学,那里集中了很多国内一流的学者任教。表面上主办者是民革的蔡廷锴,但实际上这所大学是中国共产党为了胜利后的经济建设培养干部的基地。所以我父亲高中刚毕业就积极地为考取达德学院做准备。然而祖父则希望他到台湾去读大学,因为那里有亲戚可以照应。因此,在1948年暑假的时候,父亲顺从了祖父,乘飞机到台湾。临行时祖父为他披上了一件大棉袄——怕他在天上会着凉。而生来听话的父亲也就一直披着它。父亲来到台南他堂兄黄延德的家里,一进门就让他们全家大吃一惊:这位棉衣青年在七月的台南是多么刺目的景观啊!父亲在台南住了几天,就想到台北去报考台湾大学,当时他以为鲁迅的挚友许寿裳还在那里任中文系主任,所以十分向往。但是台湾经"二·二八运动"之后,社会上也是乱糟糟的,后来又闻知许寿裳被暗杀,这使我父亲对台湾已心无留恋。这时,祖父又从鼓浪屿打来电报,说国民党败局已定,肯定只有退据台湾。如果我父亲陷在那里,一旦交通断绝,恐怕一辈子都不能与家人团聚了。这样,父亲便下定决心转到香港,并顺利地考进了达德学院,实现了他的初衷。

香港达德学院地址在青山,那校舍是蔡廷锴将军的别墅捐赠出来的。这所学院的董事长是李济深,但幕后则是由周恩来和董必武在指导工作。达德学院是专门为新中国培养经济、政治人才而建立的一所大学,所以当时就有北有抗大、南有达德之类的说法。父亲一到那里,就投入了革命的组织。专业上他报考了新闻系,为他们授课的林林、曹禺、侯外庐等等都是国内第一流的学者。

父亲在那里如饥似渴地学习着,他感受到了从未有过的兴奋和激情,整个人为革命的浪漫情绪所支配,他体验到了在斗争学习生活中整个人生的丰满和幸福。可是,这样的日子没过多久,达德学院就被港英当局无缘无故地给取缔了。他们查封了学校,驱逐了师生。当时一大批民主人士跨海北上,转移到解放区;留下来的学生大部分转到东方大学继续学业。但是革命形势的发展已经使他们坐不住了。

父亲就读于达德学院的时候,我的大姑父庄杰鹄也受组织的委派来到香港。他担任了福建建设促进会的常委,同时担任新成立的中国人民解放军福建文化服务团的副团长。在全国解放前夕,他率团进入闽粤赣游击区开展工作。此时,父亲便毫不犹豫地参加了中国人民解放军福建文化服务团,从事着解放全中国的最后的武装斗争。由于父亲在香港的行动相当公开,祖父在鼓浪屿就知道了他的倾向,连忙派人来阻止。祖父一方面让我的大伯延庆为父亲办理新加坡的入境手续,一方面让我三姑彩菊飞抵香港来劝止父亲。父亲说,当时摆在他面前的有三条路:一,到新加坡挣钱;二,到美国留学,继续读书;三,到闽粤赣打游击。他当时想也不想就坚持参加革命,说起来这也是在达德学院求学的必然结果。父亲的激情也感染了我的三姑彩菊,她非但不阻止我父亲,甚至也一并加入共产党的地下工作。我的大姑父当时委托三姑传递了许多秘密情报,往来于香港、厦门二地,而她都不动声色地一一完成了。父亲常常说起他们姐弟俩在香港的事迹,脸上总是洋溢着快乐。

父亲在达德学院的时间虽然很短暂,可是留在心里的影响是很深的。这所大学在很长一段时间内已经被人们忘却了。直到上世纪八十年代,父亲当年的老同学陈渊先生忽然从北京来厦门找到他。这位在1962年驻印尼大使馆跟反华势力斗争,勇敢地保护着五星红旗的斗士,奉命重新建立了"香港达德学院校友会"。一时间,在北京,在广东,在厦门的老校友们都重新聚集起来了,校友会的牌子就挂在父亲担任领导的厦门职工大学的大门上。各地还有许多研究者发表了文章,纷纷肯定了香港达德学院对新中国建设的贡献。真是桃李无言,下自成蹊!

父亲(右)在香港达德学院(1949年)

53

"中国人民解放军福建文化服务团"是一支特殊的队伍，聚集了来自马来亚、新加坡、菲律宾、越南等国和香港、台湾的热血青年一百零九人，在祖国大陆解放的前夜，秘密回国参加斗争。这是自解放战争以来华侨归国支援战争的最庞大的一支队伍，在中共华南局的领导下开展工作。我父亲参加这支队伍时刚满二十岁，他们在一个夜里悄悄地从铜锣湾出发，瞒过了港英当局，突破了蒋介石的海上封锁，进入粤东游击区。这支队伍在闽粤赣边区辗转了四个多月。他们从惠来的甲子港登陆，经览表乡、东港、葵潭、葵坑、鲤湖、南山、线坑、灰寨、河婆、横陂、罗经坝、安流、五华、兴宁、梅县、松口、烽市、永定、湖雷、坎市、龙岩、漳州、厦门、集美、同安、泉州、涵江，到福州为终点。这一路的走向正迎接着解放大军。他们一路上注重宣传工作，为解放大军的到来大造声势。他们随身带着收音机，听到了胜利的消息则立刻编写宣传材料、印刷报纸，还通过许多文艺演出来向老百姓做宣传。但是他们这支队伍的处境其实也是十分危险的，在粤东期间，屡屡碰到国民党胡琏兵团的尾追，经常饭做好了，来不及吃就马上转移，往往要在夜雨中行军。有一次在山路泥泞中行军到大隅岭，看到山顶上有一座小庙，全体就在那里宿营。等到天一亮，父亲醒来一看，才发现他竟躺在横七竖八的一堆死人骨头罐子中间，实在太可怕了。父亲说，游击队的生活是他一生中最重要的经历，他本是个心理敏感、气质脆弱的书生，正是需要战争的磨炼。

父亲本是跟着他的大姐夫参加队伍的，但大姐夫庄杰鹄担任副团长之职，不能时时关照他，所以他在团里最亲近的人是从新加坡来的陈游。陈游当时年纪三十二岁，比我父亲大了整整一纪，思想成熟,经验丰富,无论在工作上还是生活上都对我父亲多有指导。在行军的时候,陈游经常扛着红旗走在队伍的前面,现在还保留着一张这样的照片。

在文化服务团的队伍中,父亲经历了他的初恋,他喜欢上队伍中一个梳着大麻花辫子的活泼漂亮的马来亚姑娘:陈马婴。她在表演《兄妹开荒》的节目时的形象,深深印在我父亲的心里。可是我父亲是个又木讷又内向的人,完全不善于表白;何况当时的生活又是很紧张而不安定的,所以他只能把感情放在心里。到了解放后,当家里人问起时,他才承认这一段情感。后来,服务团解散,各自都分配到不同的地方,父亲调到厦门前线,陈马婴则调到上海华东局统战部工作,二人起先还有书信来往,后来就渐渐淡了。六年之后,父亲娶了我母亲,陈马婴也嫁给了另一个战友张飞求。1970年我外公去世时,母亲带着我去北京奔丧,路过上海时在我五姑家小住了几天,马婴阿姨听说了就马上赶来说要看望我,还送了我一把胡琴。1972年我和父母亲一起经过上海,她没有来会面,此后就再也没有见到了。

中国人民解放军福建文化服务团在闽粤赣游击区(1949年)

54

　　1949年的11月18日，历时四个半月的行军，队伍到达了终点福州。这支队伍里的一百零九人，就驻扎在城外的东岳庙。父亲说那里当时十分残破，里面的塑像都是阴森恐怖的，在厦门找不出福州东岳庙那种气氛的地方。一天夜里，轮到父亲站岗，他站在哨位上直感到周边环境阴森森的。到了换岗的时候，他竟走错路了，在一条廊庑上越走越远。突然，他发现远处有一点火光，正摇摇晃晃地向他移动过来。他不禁大吃一惊，蹑手蹑脚地持枪靠近去，看清了一个人影，父亲恐怖得大喝一声"站住！"对方也猛然吓了一大跳：原来这是个打更的瞎子。父亲当时心里扑通扑通的，在更夫的指点下拐回宿舍，叫醒了下一班岗的同志吴荣南。吴荣南问他道："外头可怕吗？"父亲回答："简直跟聊斋一样！"第二天一大早，吴荣南也下岗了，对我父亲说："夜里什么都没发生，但心里总想着你说的'聊斋'二字，感到可怕得很！"父亲问："你读过聊斋吗？""从没读过，"他回答："可是这两个字太叫人害怕了。"

　　队伍在东岳庙里待了一个月，任务是学习和整顿。然后文化服务团宣布就地解散了。所有的成员都分配到不同的地区、不同的岗位。父亲因此就回到了厦门。他起先被安排在军管会工作，一个人住在中山公园的司令台下。那个时候刚刚解放，环境还很乱。中山公园一带白天都荒无人迹，到了夜里，经常听到有特务在打黑枪。父亲孤身一个人在那里驻守，随身携带一把左轮手枪。他担心走火，卸掉了头两发子弹。有一天，领导肖枫来视察，叮嘱他枪就如同战士的生命，任何情况下不能遗失。这下我父亲又担心左轮枪会被特务盗走，干脆就交还组织，自己手无寸铁地去值班，反而睡得踏实。父亲说，参加革命使他的气质发生了改变，一个胆小的青年终于变成了大胆而无畏的人了。父亲不止一次地以他的事迹来教育我要如何变得更勇敢。有一回,我的母亲突然插嘴说:"我看你爸爸的气质之弱是更改不了的。我们刚结婚的时候,有一回他带我去中山公园玩,正经过他以前居住的司令台下,听他吹嘘往事,忽然身后一个乞丐将一只手伸过来要钱,你爸爸竟吓得整个人跳起来:'啊——!'的喊了一声,浑身发抖。没见过那么胆小的!"其实这也很好解释,在他有充分心理准备的时候,则可以斗特务;但在毫无防备的情境下,一只乞丐的手也是可以把人吓死的。我当时就问父亲何以如此失态。他说:"我没有看到乞丐,我看到了麻风。"我想,这就更加是心理作用了。

父亲的气质的确是特别的脆弱,但他的性格又是特别的坚强。他所处的年代是一个风向多变的年代,而他的信念却从来没有变更过,他的表现很有气节。他曾笑着说:"'文化大革命'有一句骂人的话叫'死不改悔',用在我身上正合适。"他还说:"我能宽容自己身上和别人身上的许多缺点,但是有一种是我不太能原谅的,就是逢场作戏。"他对于可能伤害到他的政治风向并不敏感。这让我想起了司马迁的一句名言:"且勇者不必死节,怯夫慕义,何所不勉焉!""气节"的确是在那个动乱时代的立身之本,能够使弱者有所担当。我现在还是这样的看法。

55

父亲在厦门市军管会文艺组,负责组织芗剧、高甲戏等地方剧团的演员学习。这个工作很合父亲,他从小时候起就在他三姐的带领下经常逛戏园子。他们看的几乎都是廉价的芗戏、歌仔戏之类。父亲对于戏的内容一无所知,但是它的表演形式却给年幼的父亲留下了极深刻的印象。这回他的工作竟然还是与这帮演员为伍,而且每天都能够坐在剧院的第二排看演出,是非常惬意的。那些演员都是非常聪慧的民间艺人,他们演出大胆而自由,而且往往在舞台上撇开剧本,临场发挥。有一回芗剧团演出《大闹天宫》,到最后一场将近结束的时候,扮演孙悟空的演员跳上高台,一棒砸下那块"灵霄宝殿"的牌匾,他一时突发奇想,无师自通地唱了一句"东方红——",虽然放在芗剧唱腔中显得不伦不类,但他自己倒是非常满意。他告诉父亲,他在演戏时经常用不着背剧本,只要告诉他一出戏的大体情节,然后那把大管弦拉起来,他就能自编唱词,妥妥帖帖。可见他对于戏剧艺术,已经达到了出神入化的境界了。

中国人民解放军福建文化服务团全体人员在福州(1950年)

父亲在那一段日子里,和民间艺人往来很密切,比较出名的像纪经亩、林奇怪等都和他很要好。还有许多锦歌的、答嘴鼓的演员他也很熟悉。有一日,我的老师,画家张晓寒对我说:"曾恒,你的兴趣大概是比较近于'古'的,他们是比较接近'洋'的,而我则是接近'土'的。"这个比附很像我的父亲,虽然他读的古书多,虽然在教学上也融汇了一些西方的学术理论,但父亲的整个文学兴趣是根植在民间的艺术上的。他对于高甲戏的丑角,对于厦门地区的歌谣,对于民间文学艺术上的种种极其生动的形式非常的倾心。就是在古典文学方面,他也是将注意力集中在元明戏剧上面,他喜欢辛辣,喜欢诙谐,喜欢自由的艺术,而他的审美鉴赏力则完全是由戏曲培养起来的。

在厦门军管会文艺组工作时的父亲(1950年)

歌谣也是我父亲的一大爱好,1993年,我母亲和她的朋友编了一本《厦门歌谣》,父亲为她写了绪论,其中他提到了一首人们不太熟悉的《虱母要嫁加蚤尪》:

虱母要嫁加蚤尪,就叫木虱做媒人,
蚊仔摇手讲怀通,加蚤怀是妥当人。
加蚤听了扑扑跳,大骂蚊仔无臭沼:
"你会飞,我会跳,你无比我甲才调。"
"牛蜱大只甲厚重,嫁伊才会亲像人。"
虱母听了笑嘻嘻,半暝赶去找牛蜱。

我父亲写道:"这些小爬虫的饶舌、纠纷、追求,闹哄哄的你争我夺,极富有象征意味,发人深省。人世的熙熙攘攘,此争彼夺;一切的权术、一切的追求,不也和这些小虫一样吗?这不正如刘勰所说的:'辞虽倾回,意归义正也'(《文心雕龙》)吗?至于刻画之妙,想象之奇,组织之工,用词之巧,更是令人叹为观止。"这就是父亲的眼光,他能揭示出民间艺术的荒诞滑稽的外表下的深刻的人文性。

第十四章

教师生涯

56

厦门市文联成立的时候,我父亲就被调去那里。除了秘书处日常工作之外,主要还有联系文协工作,组织文学爱好者学习,出版刊物等等。到了1951年,父亲又调到了教育部门,当上了教师。这一调动完全是他自己请求的,他当时二十二岁,在思考自己的人生该如何运作的时候,很坚定地选择了教师的职业。他在三所中学——厦门粤侨中学、厦门大同中学和厦门第一中学,头尾干了三年。在第一中学,他担任了高三的语文和历史老师,还担任了语文教研组长和学校副教务长之职。这是个良好的开端,他想就这么做下去了。但是,事情的发展总是出乎人的预料,有一天,忽然有上级领导要来开座谈会,要老师们各自谈谈教学的体会。父亲本不想发言,远远坐在后排的角落里,可是当大家讲了之后,领导并不放过他,笑着对他说:"知道你现在肚子饿了,可是你如果不发言,我们就不散会。"父亲不得已,就把刚上完的课文《荷花淀》的教学方法略谈了一下。由于他应用比较新鲜的文艺理论来分析课文,自然鞭辟入里。领导非常高兴。当时谁也没有想到,原来这个座谈会的目的是要选拔人才。所以没过两天,父亲就接到了调往福州"福建省工农速成中学"任教的调令。此是政治任务,不能推委。这样,我父亲在1953年又来到了福州。

厦门一中教师欢送父亲(前排中)调往福州(1953年)

父亲刚开始当中学教员时,一边教书一边学习,非常刻苦。当时学校的每间宿舍里都住着四位教师,父亲跟他们的关系很好,其中的吕荣春先生更是父亲的至交。可是关系再好,也不能跟他们谈及学习环境问题。这一班人每到了晚上,就是聚在一起,谈笑风生,吃点心,玩扑克,一刻安静都没有。在教师宿舍里的父亲完全不能读书。后来他只能另外想方设法,每天到了晚上七点钟,父亲就去睡觉。父亲有一个特点,再吵闹的环境也不影响他,倒头便睡,一生都是如此,这大概是游击队里练出来的本领吧。睡到午夜十二点,他就起床了,然后在舍友的鼾声中读书到天亮。早晨五点钟左右他就到操场跑步。天天如此,父亲用这样的生活规律来消除集体宿舍中不能独处的限制。父亲这样做的效果很好，在古典文学方面，他把司马迁《史记》的每一篇章都写了笔记，这是他第一次系统地整理一部古籍，并且完全消化了。他在古典文学方面的厚实的底子与此类工作分不开；在文论方面，他系统地研究了苏俄的季莫菲耶夫的著作，所作的笔记更加丰富，他当时的方法是把中国古代的一些文论与季氏的思想参照、比附，这有点像潘光旦的学风。他为季莫菲耶夫所写的笔记后来在教学上大派用场，福建省速成中学的同事李联明竟花许多时间将它抄录了一份去参考。父亲对李先生的谦虚与用功一直很佩服。

由于年轻时做了这样的工作，我父亲毕生的学术视点就自然偏向于比较文学了。虽然在晚年他非常尊崇清代乾嘉学派的严谨，极力主张学习陈寅恪与王国维的治学方法，但真正着手工作时，兴趣点仍在心理学、美学和哲学上面；仍立足在过去与当代、东方与西方的联系上面。

福建省工农速成中学坐落在闽江南岸的仓前山，是专为老干部进修文化知识而设的学校。学员大多是老资格，像父亲的学生中就有毛主席的警卫员纪应昌同志。这些人又朴实纯厚又机智深沉，与老师平等相处，互教互助。父亲在那里前后待了六年，感觉是很愉快的。

那里的工作条件也很好，教师有单人的宿舍，一切设施很齐全，稿纸用完了或者电灯泡坏了就向总务处领取，自己是不必花钱的。父亲的宿舍的窗户正对着闽江，风景令人陶醉，父亲在那里是十分惬意的。那里的教师也非常好，父亲说，他在速成中学遇上了好些个良师益友，特别值得一提的是程世本先生。他是老前辈了，三十年代在北京大学学习，他讲了许多文坛上的掌故，使我父亲大开眼界。这个人还是个音乐家，二胡、琵琶都很擅长，经常到省广播电台上去演奏《空山鸟语》和《十面埋伏》等名曲。他也同父亲一

父亲调到福州工农速成中学时的照片（1953年）

样非常热爱戏曲，他对我父亲说，当年在北京，梅兰芳和俞振飞演出昆曲《游园惊梦》，他很想去看，但是票价太高，他买不起。没想到他的教授竟买了票请他一起去看。他走进戏院，看到观众寥寥无几，都是些大学的老师。他们看戏时头也不抬，眼睛只盯着书本一字一字地对照着，真是奇观。像这样的情形，我父亲闻所未闻，却感到非常有趣。这一幕情景正是昆曲时代的尾声。从清初对《长生殿》的狂热到晚清民国的萧条，典雅的戏曲已经终结了。虽然近年来又兴起了昆曲热，还流行了《牡丹亭》的青春版，可是我父亲依然觉得那戏曲的土壤已经荒芜很久了。程世本先生还向父亲介绍了福州城的文化、艺术、戏剧、园林等等，父亲说，没有他的引导，即使在福州待上二十年，也不能了解这座古老城市的魅力。

57

父亲就是在福建省工农速成中学认识的我母亲彭永叔的。母亲比他早来一年,1952年就到了。她在解放前从重庆市立女中毕业后,就只身到上海求学,考进了圣约翰大学和沪江大学;但由于这两所学校的教会气氛太浓使她却步,所以又到苏州考上了东吴大学。虽说是读书,其实天天都到沧浪亭转悠,林镜严教授倒是对她极好,所有考试都给了 B+;甚至有时她去为那些不及格的同学求情,林教授也会给她面子。东吴大学也是教会学校,虽然不像沪江大学那样到处是蒙头的修女,但宗教气息也仍然是浓厚的。母亲虽然不信教,却是唱诗班的领唱,因为她天生很容易受感染,嗓音又很好。她的同伴们倒是经常为她祈祷,然而她始终不信教。

母亲彭永叔(1953年)

在临解放的时候，国民党政府要把东吴大学迁去台湾，母亲连忙转学，她考取了上海复旦大学中文系的插班生。当时一共只录取了两名，班级同学分男女二部，到火车站接新生。没想到男生都接到了我母亲，一见面才知道这位彭永叔跟欧阳永叔是不同性别的；而女生们却接到了一个名字优雅的男同学了。

　　母亲在复旦大学才开始认真学习。她的汉语语法师从陈望道，民间文学师从赵景琛，《诗经》是陈子展，《楚辞》是蒋天枢。这些老师中，蒋天枢对母亲的影响比较大，他一上课就布置了楚辞写作的作业，母亲好像做得挺不错。而且还因为她是湖南人，用家乡话一朗读，蒋先生就更加喜欢了。当时为她们授课的还有郭绍虞和他的新任助教王运熙，可是母亲在文论方面没有用功，她是属于感受性好的学生，不太适合沉下来做学问。

　　母亲很庆幸她在那个时代就读复旦大学，她说到了院系调整之后，就没有那么多机会听到著名的教授的课程了。临到毕业那年，母亲随着师生们到皖北搞土改，她的组织能力第一次得到表现。此时她已经把古典文学遗忘了，口袋里只有一本惠特曼的《草叶集》。母亲怀着热烈的心情参加运动，后来她的心就一直热烈着，在毕业以后也不考虑自己的理想和前途，只求到祖国最需要的地方，因此就被分配到了福建前线。1952年夏天，母亲看了《乡村女教师》的电影，只身一人，读着《草叶集》，南下了。那个时候福建还没有铁路，她乘着汽车翻山越岭，绕过武夷山，顺着闽江水来到了福州。当时她在上海的堂兄彭养颐和一个正在追求她的男同学萧家裘都表示不能理解：福建相对上海而言，那是多么不开化的穷乡僻壤啊！语言不通，交通不便，山障水雾，有去无回呀！可是我母亲却天真地说："没关系，福州天气炎热，最起码雪糕会很好吃吧？"结果是，当她叫辆三轮车，从福州长途汽车站一路晃到了仓前山的工农速成中学大门口，四下里只有炎炎烈日，哪有雪糕的影子。不过母亲这个人四海为家惯了,立马就安心下来工作,她想,先干几年再说吧。只是怎么也没有想到几个月后就来了一个黄吟军,这一来,果然是一辈子进得来出不去这福建省了。

父亲与母亲相识后,情投意合,他们一起编排了一部历史剧《怀沙》,父亲任导演,母亲写乐曲,由老师们来表演,一下子就在学校轰动了。在合作中,他俩渐渐地磨合,谈话越来越投机,不知不觉地就产生了爱情。父亲的性格是含蓄内向的,绝不敢先行表白;有一天母亲主动向他提出二人处对象,父亲激动得立即出门去请来住在隔壁的同事游叔友(也是福师大的教授),要他在场作证。父亲为此心满意足。母亲在1955年暑假访问了我们鼓浪屿的家,与祖父、祖母和姑姑们见了面后,二人就确定了关系。1956年10月1日,父亲母亲结婚了。同事们就在校内为他们办了酒席,我父母只负责出酒钱,菜肴却是大伙一起出的,就像是打平伙。

父母亲结婚照(1956年10月1日)

58

　　父亲在福州虽然春风得意,然而也无端经历了一场大危机,这就是当时掀起的反胡风的运动。这其中是有些因果的。父亲的为人,善良厚道,胸无城府,对人对事,是不怀什么机心疑虑的。当时有几个厦门的好朋友不约而同地来到了福州,他们是谭成祖(在省委宣传部)、杨梦周(福建日报社)、吕荣春(福州大学),都是老革命了,又都是文化人,过去跟我父亲相交甚笃,这次久别重逢更是兴高采烈,他们时时聚在一起,高谈阔论。可是谁都没有想到,反胡风的运动一掀起,就无端地把他们当胡风分子打下去了。事实上这些人谁也不认识胡风,受此牵连本来不应该,然而,打击他们是以反自由之义为名,因为这些人常聚在我父亲的宿舍聊天,父亲的宿舍就被称作"自由主义馆"。"自由主义"在当时可是不小的罪名,我父亲天天挨整,做检查,被逼问为何这些人会同时来到福州,有何反党颠覆的阴谋等等。连我母亲也被叫去问话,还要她写出对这几个人的意见,我母亲傻傻的,竟然把他们几个人的优点描写了一通,因此被上级批评教育了好几次,而且劝令不许再与黄吟军接触。等到运动的风头过去,我父亲和他的朋友们经严格审查后,被认定为非胡风分子,继续上他的课。但从此以后,父亲已如惊弓之鸟,再也不敢乱说乱动。他不再夸夸其谈了,也不再写诗作文,最后,他也不再交朋友了。以往的桀骜锋利的诗人脾气一下子荡然无存,像个阮籍似的缄口不再辩论是非了。

　　这一次打击的教训,使他避免了将来的许多更大的打击。从1957年的"反右"到十年的"文化大革命",父亲都是逆来顺受、安之若素,这倒不是出于他的政治水平有多高,而是他的天真纯厚的本性救了他。后来谭成祖和杨梦周二人都被打为右派,对我父母亲而言真的是杀鸡儆猴了。父亲当时每月寄二十元帮老谭度日，为此也被批评，说他思想落后，被无原则的友谊所束缚。可是，这一来我父亲却很高兴，"落后"是他所愿意的。"山木自寇也"，庄子的话语从此占据了父亲的心灵了。他连自己的书房也取名为"樗屋"，樗者，"其大本拥肿而不中绳墨，其小枝卷曲而不中规矩，立之途，匠人不顾"。无所可用，安所困苦哉！父亲看起来真像是个庄周的信徒了。

后来几十年过去了，父亲对当时的那场批判一直想不通，他何以成了胡风分子？为何反胡风的运动会落到他这个与胡风毫不相干的小毛头身上？母亲说："你一定是得罪谁了，一定是得罪了哪位领导而不自知。"但他们想来想去，并没有存心反对过哪位领导呀？父亲笑着诵一句徐志摩的诗："我不知道风，是在哪一个方向吹！"父亲说，老老实实地做人做事，一般是可以避祸的，但若遇上大恶之人，你也是无从躲避的，只能自求内心安然无畏；若随风摇摆，如墙头草，那灾祸必然是如影随形，避免不了的。

父亲的那几个朋友，虽然命运坎坷，但是气节都是很好的，杨梦周原是台湾作家，"二二八"以后回到大陆从事党的地下工作，解放前夕他还曾担任厦门中共地下党的市委书记。解放后也不知道为什么突然想重新当回作家，竟脱离组织而到天津作协去上班了。1957年当他被打成右派时，他断不肯承认，又放弃公职回到老家，上级要把他脱帽都找不到人。后来组织上承认了他在解放前夕对革命的贡献，就恢复了他的名誉。谭成祖原来也是厦门的地下党员，解放后调福建省委宣传部，1957年被打作右派后，下放到老家江西鄱阳劳改，受尽折磨。但是这个人性格非常豁达，有一次挨批斗时，群众为了侮辱他，把一张羊皮套在他的身上，他的母亲一看到就痛哭起来，他笑着安慰母亲说："这不正好冬天可以拿来御寒么！"八十年代他被平反之后，成为福建省法律界的名人，是一位很有影响的律师。他工作积极、心胸宽广、长寿健康、受人尊敬。父亲一生的友人算起来寥寥无几,但晚年能够经常与他们往来存问,为晚年生活增添了许多幸福的时光。

59

1957年,福建省工农速成中学完成了她的使命,解散了。程世本、李联明等人回到福师大,我父亲回到了厦门,母亲因为和父亲结婚,当然也调到厦门。据说她人还未到,就已经被双十中学的校长李永裕看中了,所以一来就到双十中学上班。她带的第一届高中生1959年毕业、第二届1962年毕业、第三届1965年毕业,之后就是"文化大革命",停课挨整了。父亲回厦门时错过了学校开课的时间,他被调到了总工会,因为当时总工会正在筹备成立工人业余大学,但是工作还没有启动,父亲就先挂靠在工交部上班。

自从父母亲回到鼓浪屿,家中的情形起了根本的变化。原来这个家里的男子都离家出去了——大伯在新加坡,叔叔在厦门大学读书,父亲在福州教书,——而且都未成婚,所以家里只由姑姑们在掌管。现在我父母回来了,祖父马上看到了新的希望,对于黄家的传承充满了信心。祖父那时候很空闲,除了到政协开会外几乎不出大门。他把手上戴的一块瑞士的希哥玛表送给了我父亲,父亲说,工作的事还未落实,心里没着没落的,祖父则劝慰他,要安心等待,美好的事业一定会出现的。

当时总工会的领导要父亲到夜校去教书,当时叫作厦门职工业余中学;同时他还要参与编辑总工会办的一个文学刊物叫作《长堤》。事情很忙碌,也很琐碎,更是无名无利,但是父亲仍满腔热忱地投入工作,与老师、学生们打成一片。他深信毛主席在《论持久战》中讲的一段话:"战争指挥员活动的舞台,必须建筑在客观条件

新婚的父母(右)与三姑(中)、四姑和叔叔黄延祥在家中走廊合影(1957年)

的许可之上,然而他们凭借着这个舞台,却可以导演出很多有声有色、威武雄壮的戏剧来。"所以他不会坐等好机会的降临,他从身边的工作做起,一节课一节课地展现了他的学问和才华。到了1960年,厦门工人业余大学正式开办起来,父亲刚满三十岁,担任了政文系主任的工作。他为1960、1961两级的职工学员们开设了《现代文学史》、《中国思想史》、《文学理论》和《形式逻辑》,四年时间里工作排得满满的。除了现代文学他已经积累了许多的资料之外,另外几门功课都要花时间去研究,他回忆起香港读书时的侯外庐的讲义,参考了任继愈的著作,然后一字一字地写下了他自己的讲义,每天都工作到深夜。

那个年代是一个饥荒的年代,厦门市因为是前线,市民们不至于像内地城市那样没饭吃,但仍是痛苦的。我的父母亲那几年都瘦成"阳文八字",皮包骨头。他们每天就是用盐炒饭,带去单位吃，有时到路边喝一杯用龙眼核研磨的代用咖啡。父亲每月领工资后就会去买一个馅饼给祖母吃，当时的价格是八角钱一个，是正常价格的八到十倍。日子就是这样艰苦，可是工作依然繁重。父亲全心全意地扑在工作上，他的工作得到了人们的认可，他的心里是快乐的。

那个时候，厦门职工业余文学创作正火热地兴起，组织和辅导的任务自然也落在父亲头上。父亲联系了厦大的应锦襄和潘懋元老师来一起为职工做辅导，他自己也到处去做文艺理论的演讲。有一回福建工艺美术学校的学生和老师产生了一场争论，关于艺术和现实生活的问题，学校就来请我父亲去上课。父亲就学生的言论一一解析，大家都非常融洽，建立了很好的关系。

就是在那个困难的时期，我父亲从琐碎的工作——职工教育和文艺创作辅导中，建立了他的毕生的教育事业，可谓是白手起家。

60

"工人业余大学"是一个时代的产物，在上个世纪六十年代遍地开花，人们把它看成是工人阶级解放事业的一个部分，占领文化科学的高地，摆脱旧社会的蒙昧状态。当时参与此教育事业的职工都具有十分高涨的热情，是普通学校难以企及的。厦门工人业余大学第一届是1960级，学生来自各个单位，除了产业工人之外，还有一些是干部和教师，这些人真个是无贵无贱，无长无幼，一心只为学习。他们中有些人年纪超过了我的父亲，像公交公司的调度员吴复兴、法院的干部纪维成、国贸集团总经理刘家辉都比父亲的年龄大，厦门一中的陈美祥的年龄也与父亲相仿。当然年轻人也不少，全体学员中年龄最小的是厦门日报社的排字工人庄炳辉，当年才十八岁。这是一群非常优秀的人,热情、耿直、谦虚、朴实,使父亲在他的教学工作中同时获得了极大的受益。教育者在教育的过程中自己得到了教育,这种教学关系是非常难得的幸福。"厦门工人业余大学"在某种热潮中兴起,但却没有像有些业余大学那样急剧衰退,与这种互教互学,教学相长的学风有着莫大的关系。这是获得成就的基础。

父亲从此将全部的精力转移到职工业余教育的事业,但一开始就碰到了前所未有的难题。由于学员的工作经历和文化程度差别很大,要像以前那样统一教学是不可能的。虽然在很早的时候父亲就已经接触了夜校的教学,但那只是扫盲。而如今工人业余大学的学员们,个个都怀有特殊的才能,他们在文艺创作和研究上的潜力是巨大的,把这些潜力挖掘出来是父亲的责任,这当然得因材施教。对学生得一个一个地去接触、认知和具体的辅导。因此父亲这一辈子对于大课堂的那种拉平补齐的教育管理方法是非常不以为然的。事实上,在工人业余教育上办不到。可是厦门工人业余大学的学员在学习实践中经常能展示出出乎人们意料的才华。文学创作上,从诗歌、小说、戏剧一直到民间说唱、曲艺表演应有尽有;而在理论的研讨上,如果将历次科学讨论会的论文题目罗列出来,也是很长很长的一大串呢。

从业余教育的实践中,父亲慢慢地领悟了他自己理想的办学形式——古代的书院。他说:"学校应该是个基地而不是工厂,我们不应加工学生的头脑,而是要放飞他们的思想。"这个想法看起来不合时宜,但父亲却不肯改变,他无时无刻不艰难曲折地贯彻着他的教育理念。他并不担心有才华的青年被埋没,因为在工人业余大学这样的环境里,学生之间的友谊非常深厚,他们互相提携、互相推举、互相帮助、互相欣赏,从上世纪 60 年代开始就显示出欣欣向荣的态势,父亲也高兴起来,他在一首散曲里写道:"——我曾树蕙百亩,映春日迟迟,冬傲霜雪。无垠学海相竞渡,寒窗同课马列。学成有日,乘风破浪,意气刚如铁,珍重自警,深山时鸣鹧鸪!"父亲在此时产生了自己独特的教育观念,他甚至认为真正的教育就潜藏于像业余大学这样的形式之中,这就是人心的激励与奋发;而且,除了求知之外,没有其他的杂念掺和到教学里,学生对于知识充满了兴趣,这兴趣伴随他们的人生,不会为了将来谋生而受到生硬的抑制或扭曲。他们中最优秀的几位,还都具有很深邃的思想和高远的学术眼界。有谁能料到这一切竟是出自连校舍都要经常辗转腾挪,因陋就简的厦门工人业余大学呢?

父亲在厦门工人业余大学草创时期(1960年)

61

在厦门工人业余大学的授课任务虽然繁重,但还不是父亲的全部工作。他在业余时间还接手了一项艰巨的任务:为教工之家的话剧团担任导演。自然,父亲本人对于戏剧、对于舞台是十分迷恋的。小时候迷恋民间戏曲,1957年夏天,他随母亲去了一趟北京,有机会观看了许多一流的京剧表演,裘盛戎、梅兰芳、马连良他都欣赏过,那种幸福之感他一辈子念念不忘;而话剧也同样使他着迷,当年曹禺还是他的老师呢。但是在实践上,他只有在速成中学时曾经导演过一出《怀沙》,所以现在这个机会他是不愿放弃的。

八卷本的《斯坦尼斯拉夫斯基全集》就一直堆在他的桌子上,而斯氏那一本《奥塞罗的导演计划》我父亲更是满满地做了笔记,他开始很认真地研究舞台艺术了。当时他的剧组成员来自好些个单位,有双十中学的教师余丽娜、鼓浪屿第一中心小学的校长林世岩、厦门歌舞团的演员余养卿、福建省工艺美术学校的王炳龙,等等。这些人平时都互不认识的,父亲像上课一样为这些人讲戏,竟然在短时间内提高了演员们的艺术修养。他们排的第一出戏是《年青一代》,几乎每个晚上都排练到十一二点,我父亲总是坐最末班的渡船回鼓浪屿的。那个年代,大家的工作热情都是空前的高涨,可是肚子总是饥饿的,我的父母亲对此好像也不在乎,只不断地熬夜、熬夜,好在他们当时都年轻,否则一定是吃不消的。

《年青一代》的演出很成功,一场接着一场,"教工之家"的剧场每天都满座。我想当年参加演出的人员,对这个话剧的活动一定印象特别深。过了好多年以后,正值"文化大革命"时期,武斗很厉害,人们都提心吊胆过日子。有一天深夜二三点钟,突然一个疯子闯进我们家,高喊着要与我父亲讨论《年青一代》!当时父亲被送往集美海堤工地上拉板车,不在家;我叔叔竟吓得从床上一跃而起,紧张得两条腿伸进同一个裤管里。那人在走廊上走来走去,嘴里背着台词,像是在演戏。我们全家人都被惊起了,谁也不认识眼前这个疯子,也不知他是真疯还是假疯;而且那时也没有地方去叫警察,我的家人们只能拿起棍棒与他对峙,但是也不敢贸然动手。那人疯到天都蒙蒙亮了才离开,我们家住在三层楼,上下台阶有四十九级,那人二三步就跳下去了,没有人追得上。隔天上午婶婶去买菜,才听说那人去抢马路边的油条摊被抓住了。我们这才知道原来是福建工艺美术学校的教师王炳龙,曾在《青年一代》的剧组里参加演出的,他真的疯了。我父亲从劳动队回来时听说了这件事,心里也是扑扑跳,没想到一出戏竟然导出了这可怕的一幕。

话剧的活动就此戛然而止,后来就再也没有机会干这行当了。父亲对此是感到遗憾的,他说,如果能早生二十年,正好碰上三四十年代的话剧热潮,他是一定会从事这门艺术的。我母亲只比他大三岁,在重庆就已经参加了《风雪夜归人》和《雷雨》的演出,她还演繁漪呢!现在这一切都过去了。

62

父亲在"文革"前讲"中国思想史",是所有课程中所花工夫最大的课程。没有现成的教材,父亲就自己编写讲义,这些讲义的手稿在"文化大革命"时全被缴了去,而且马上付之一炬。好几年的劳动,连一丝痕迹也没能留下,真是可惜。以父亲当时的年纪和阅历,要讲中国思想史绝不是容易的事,只有在极大的热情之下花极大的工夫才可以开展。父亲并没有把任继愈的书作为教材,在讲解先秦思想史时,他竟以《庄子》的《天下》篇作为纲要,虽然有些离经叛道,但是却很生动活泼,父亲说:"这个才是第一手的资料,它把那个时代思想界的自由和解放阐释得淋漓尽致。"父亲说:"至于《汉书·艺文志》对诸子的阐释,已经中隔一层,尽管体例更加完备,评价更加中肯,但是也已经教条化了。在这僵硬的框架内,诸子的精神难以体现。"父亲又说:"我喜欢明末王学左派那几个人的思想锋芒,他们的风度是有些接近先秦诸子的。"从这些言论中,我们大概可以推导出父亲讲授"中国思想史"的情形。

父亲讲"中国思想史"的指导思想是毛泽东的《实践论》,他说:"读透《实践论》可以解决哲学与美学的大部分问题。"这本《实践论》最早还是祖父介绍给他看的,他经常笑着说:虽然自己参加革命早,可是祖父学习毛著却比他早。《实践论》开题就说:"论知与行的关系",末尾又说:"这就是辩证唯物主义的知行统一观。"父亲认为这是一个非常重要的信息,说明了毛主席的理论是将马克思主义完全地中国化了。它不仅阐释了辩证唯物主义的基本观点,而且也解决了中国思想史上的重要问题:知行合一。根据这个立场来观察,中国古代的道家思想、禅宗的思想和王守仁的心学乃至王艮、李贽和达观和尚的学说,都显示了其重要的价值。父亲对于历来被僵化的理论家们当作消极思想的流派给予非常积极而正面的评价,他应用辩证法,使他的课堂完全活跃起来。以上的话题都是出自父亲自己的叙述,因为手稿已经失散,而当年的学员也很老了,六十年前的事情,所能捕捉的也就只能是一些读书的影子,但它仍然可以看出父亲的用心所在。

63

父亲在1961年讲授了"现代文学",在他漫长的生涯中只此一次。由于在整个青少年时代,他将全部的热情都倾注在新文学上头,几乎是无书不读,因此在讲课的过程中不可能不受青少年时代的印象所支配，也因此讲得特别的自由和有趣。当然，在这一门课中，鲁迅的作品占据了绝大篇幅，而父亲所选的教材倾向鲁迅早期的作品：《坟》、《华盖集》、《华盖集续编》、《呐喊》和《彷徨》，他在课文中选了《高老夫子》，这里可以看出是他自己的兴趣。至于他最喜欢的周作人的散文，只讲了一点点，因为此人大节有亏，文以人废，只是他在文学史上的价值始终抹之不去，所以就讲了。父亲对于评论家所赞美的周作人的亮点并不太关注，像郁达夫在《中国新文学大系·散文二集·导言》中对周作人文笔的推崇，当然不能否认，可是郁达夫除了"内行看门道"之外，也难免有个人的情感在内，不是知交也写不出那样的话。然而，我父亲的视点有所不同，他欣赏周作人对于微小而不足道的事物所倾注的关切之情。要知道，中国人一般是热衷于大体裁大制作，所表现的也是大事件大道理，那个时代尤其是这样。"故乡的野菜"，谁会拿来做题材呢？可是周作人就关注这个，不能不说他对于渺小事物的同情心是一种非常高尚的志趣。《金刚经》说："一切众生之类，若卵生，若胎生，若湿生，若化生，若有色，若无色，若有想，若无想，若非有想，非无想，吾皆令入无余涅槃而灭度之。"父亲从周作人的文章中闻到了类似的众生平等的气息。他在课堂上讲了，不太能唤起同学们的认同，但是也没有人批判他，"文革"中有许多批判父亲的大字报，其中只有骂他讲《长恨歌》的，没有人骂他讲《故乡的野菜》。

　　工人业余大学的学员们喜欢听父亲讲鲁迅，父亲还特别翻译了日本人增田涉的文章作为参考资料。父亲尽力地还原了二十年代初北京的文坛，那是令他向往和醉心的世界。在他的讲述中，鲁迅、周作人、钱玄同和胡适、陈西滢、章士钊这些人的论战实在是非常生动，我平时在与父亲闲聊时也最爱听他讲那些事，好像每一个细节他都是相当熟悉。

父亲（前排左二）与厦门工人业余大学首届学员合影（1961年）

64

　　父亲在业余大学的教学中刚刚摸索出一些门道,第一届的学员也已圆满毕业走出了校门,不料"文化大革命"的第一个潮头就把父亲的梦想击碎了。厦门工人业余大学在1966年夏天很快地下马了。在最初的那些大字报里,批判我父亲的有二百多张,那感觉也就是铺天盖地。父亲怀着沉重的心情前去浏览大字报,看看人们是如何批判他的错误。可是他看着看着,心情豁然开朗起来,他回家对我母亲说了他的发现:第一,二百张大字报里,没有一张是他的工人学生所写;第二,二百张大字报里没有关乎他个人的贪污和腐化方面的诬陷;第三,也是更重要的一点,他看到了某个平日里道貌岸然的人的内心的龌龊,从大字报的字里行间一览无余地表露出来。那个人平日与我父亲没什么来往。有一回他在民主生活会上的表现惊到了与会的同志,因为在开展批评和自我批评时,他突然掏出了一本小本子,上面记录着所有同事的黑材料:曾经发过的牢骚,说过的黑话,地点、日期,清清楚楚的,人人心里为之战栗。他的年纪比我父亲大很多,却在大字报里乱轰一气,内容是说我父亲之所以在课堂上讲了长恨歌,是因为我父亲经常幻想着杨贵妃洗澡的场景,幻想着在那样的场景中调戏杨贵妃……我父亲立马想起鲁迅《热风》里的话语:"一见短袖子,就立刻想到白臂膀,立刻想到全裸体,立刻想到生殖器,立刻想到性交,立刻想到私生子。中国人的想象惟有在这些地方能如此跃进。"父亲还立马想起了弗洛伊德,感觉到眼前的这些大字报每张都是可以拿来分析人们心灵的不可多得的材料。当天傍晚,父亲哼着歌乘渡轮回家,同船有一个他的中学同学叫苏弘明的,也是我母亲双十中学的同事,他第二天在挨批斗之后对我母亲说:"你丈夫能不挨整,真是太幸运了!"母亲说:"哪里能够,二百多张大字报呢!"苏老师很惊奇:"他居然在船上还唱歌?!"其实不但哼歌,父亲当时还写了一首小诗,散曲《好事近》:"挥袖走天涯,历尽风风雨雨,细味人间凉炎,看种种面谱。莫道荣辱如烟云,浮沉胜读书,遍尝世间百味,挥毫有奇句!"

那些日子,他完全是逆来顺受。开批斗会就上台挨批,人家刷大字报,他就得煮糨糊,但他所受的冲击也很有限,一来他不是走资本主义道路当权派,二来平日里没有得罪什么小人,所以斗他的人说他是"走资派的驯服工具",这是个小罪状;而"反动学术权威"的帽子,几乎所有教师都戴着。父亲一无争辩,听之任之。人家定好下午要批斗他,他饭后照样睡午觉,就在礼堂的舞台下睡着了。他自己常默念着《心经》,"心无挂碍故无有恐怖",其实他当时哪能心无挂碍,他是故作镇定来自我解脱。但是当时的紧张气氛是时时刻刻威压着他,无论如何是躲避不了的。有一天他在回家的路上,走到中山路绿岛餐厅那个十字路口,看到围了很多人,应该是押着牛鬼蛇神在游街,他挤进去一看,绳子牵着两个大学教授,都是他的好朋友:周祖譔领口上插着一把扫帚,严楚江领口上插着一只粪斗,还都戴着纸糊的高帽,完全不像是人类的样子。父亲的血都凝固了。当他回到家门口,正遇到邻居一个杀猪的汉子,坐在石栏上喝烧酒,他冲着我父亲高喊道:"姓黄的!今天你两个朋友已经在游街了!"那天,我父亲感受到了莫大的伤害。晚饭后他正跟我母亲聊着这些事,无知的我一直靠上前去要他看我新得的一块刻着"为人民服务"的有机玻璃徽章,没想到他竟然猛地一推把我推倒在地,我一边哭着一边听到母亲大声地把他喝止了。我从小很少受父亲的责打,那天晚上的事情我一直不能忘却。

65

不久,父亲就随着厦门市直机关的牛鬼蛇神们到集美海堤去拉板车了。这些人是轻罪者,重罪是无此资格参加劳动锻炼的。父亲白天拉板车载土石,晚上写检查,天天如此,不能回家。在那些日子里,父亲的认罪态度非常好,检查写了一大摞,他说当年他的记性非常好,所有往事的所有细节都记得清清楚楚,每天都写了上万字。搞到最后,工作组的人受不了了,呵斥他:"姓黄的!不许再写了!再写就是态度不好!"这样,我父亲就只剩下拉板车了。那个时候天气非常炎热,天天在太阳底下晒着,父亲又不懂得照顾自己,就得了便秘,一个星期都不能排便,他就请假到了工地的医疗站找张菊兰医生看病。这位张医生原是总工会医院的,是父亲的老朋友。这个人学问很好,早年毕业于日本帝国大学,毕业时成绩很优秀,学校本来是要送他到德国去留学,当时对他唯一的条件是留学后不能离开日本,这一点张医生不能接受,毅然放弃留德,回国参加抗日,成了国民党民队的军医。抗战胜利之后,张医生又因反对内战而脱离国民党军队,到了一艘远洋的轮船上当了医师,他说,在轮船上闲着无事,就拿一本小说,从日文译成中文,又把中文译回日文,真是优哉游哉!解放后他留在厦门,就在总工会医院里工作。"文化大革命"一来,他自然是牛鬼蛇神,所以也被发配到海堤上来劳改,因他年纪已近七十,又有医术,就被安排在医务室给人看病。当时他为我父亲诊断后,说:"没毛病,火气大而已,你就在这里,等我下班后,单独替你医治。"我父亲就真是待在医务室等他下班,他带我父亲到了集美镇上的馆子里,要了二碗猪脚面,父亲美美地吃了。张医生说,你哪里是什么便秘,不过是缺少油盐,伙食太差罢了,可是在医务室是有旁人在,我可不敢对你说实话。果然那几块猪蹄吃下去,便秘就完全好了。父亲对张医生的对症施治非常佩服,认为他的德日派医术实在太高明了。当海堤上的劳动结束时,父亲回到家里,全家人见了都吓了一跳,整个人黑得像木炭一般。父亲本来皮肤就黑,现在竟晒成了黑人了,加上两只眼睛布满了血丝,几个月没剃的头发胡须乱蓬蓬的,实在是吓人,是有点那幅油画《不期而至》的感觉。

66

父亲从海堤工地回来时,厦门市的武斗正烈,他被分配到铁工厂,在那里没有人理他,但他还是天天去上班。可能是在工地的时候为张医生所感染,他突然又重新拾起了日语来学习,他订了一份日本共产党左派的杂志叫《毛泽东思想研究》,一字一句地练习翻译。有一回文化宫的广场上在烧书,他走进围观的人群中,忽然有一本小小的精装书滚到他的面前,他顺手捡起,看也没有看就慌慌张张带回家,原来是一本日本现代作家佐藤春夫的《文学读本》。他也就如饥似渴地读起来。这位佐藤春夫在日本名气很大,被称作日本的鲁迅,他和郁达夫的关系也很好,后来成了一个军国主义者,中国作家就都与他决裂了。这本文集里有许多很美的散文,还有一篇写厦门鼓浪屿的,叫《鹭江的月明》,我自己在学习日语时也曾将它翻译过一次,的确写得十分贴切。这本佐藤春夫的作品集伴随着我父亲,给他带来了许多快乐,因为除此之外他无书可读,家里的每一个书橱都被红卫兵贴上了封条,即使是书橱里的毛主席著作也已经动不了了。

红卫兵到我们家抄书共有两次,都是厦门八中(也就是我母亲所在的双十中学)的学生,他们来了一大群,当时我父母都不在,奶奶和保姆林添花都被吓得半死,他们不止抄书,还翻箱倒柜的,把一切值钱的东西都抄走了,他们把书装了几麻袋,搬不动就将每一套书只抽出一本带到街心公园去烧,其余的书橱都用封条贴起来,谁也不能动。这伙人气势汹汹,看到我婶婶翻了个白眼,看到我表哥打着赤膊,就认为是在触犯他们,他们勒令这两个人第二天早上到八中造反派总部去挨批,还要写检讨说"我是流氓什么什么的",用毛笔大字抄在油光纸上,张贴在我们家的大门口,害得我婶婶一个星期不敢出门去买菜。

红卫兵走了,父亲回来了,母亲则跑到北京去看望她的父母,这时我奶奶却得了重疾,医生来看过,说是严重的肺炎。奶奶常年吸烟,"文化大革命"中又天天受着惊吓,身体的免疫系统几乎全瘫痪了,她已经没有康复的能力了,很快就死了。她临死前特别把我叫到床前,口舌已经僵硬,但我仍听得清她的话语:"你要乖啊!"她还嘱咐我的保姆林添花:"无论如何不要再让先生吃食堂,要做饭给他们吃。"我奶奶临终时面容很可怕,已经高烧到变成褐色的了。过了一会儿,大人叫我离开房间,又过了一会儿,房间里就传出哭声了。我父亲走出房门,说奶奶交代要赶快火化,否则怕厦鼓轮渡会停航。所以第二天下午就抬走了。果然再过一天,厦鼓轮渡停航——武斗愈演愈烈了。

奶奶死后,我父亲"靠边站"待在家里。他除了学习日文外,还写起了毛笔字。他每天都临摹孙过庭的《书谱》,他自己说从小就屡屡被人嘲笑字写得像鬼画符,写楷书是一点信心也没有,所以干脆斜行小草,自得其乐。这样,写着写着,他的字迹也越来越美,看上去非常洒脱。可见人与人的禀赋各异,写字也无一定的途径,能摹张草,又何必与钟王抗行?重要的是从骨子里流露出的脱俗的气质,今天的书法家也未必人人了解。

67

祖母死后的一段时间,父亲非常的孤独,他的朋友圈子早就凋零了,所有的人都全无音讯,更别说有所往来了。某一天的早晨,忽然有人敲门找他,父亲打开大门一看,好像是个陌生人站在那里,叫了声"吟军!"父亲才猛然惊醒——原来是他的好朋友徐报德先生。一个交往二十年的朋友,刚见面却认不出来。他衣衫不整,满面尘土,大汗淋漓,声音嘶哑,他刚从南平的监禁中偷跑回厦门。父亲连忙把他拉进屋里坐下,自己则洗杯子泡茶水,忙进忙出的。这位徐报德先生是研究教育学和心理学的,解放前是地下党员,跟李永裕、杨梦周一起,属于闽西南地下党组织,在国民党的白色恐怖中坚持革命工作。到了解放后,组织上审查的时候,说他的年纪太小,不够党员的资格,就算是共青团员吧!他也没有不同意见,服从安排。他考上了杭州大学,学习教育心理学,毕业后被分配到南平市工作。"文化大革命"一来,他就被抓起来,关了隔离审查,所有亲朋好友都不知道他的下落。他自己心里更是非常着急,要如何向父亲和朋友们报个平安呢?他选择了出逃。他趁着看守疏忽,偷偷溜了出来,混进火车站,挤入人群里,回到了厦门。当时他不敢回自己的家,想了想,来到鼓浪屿投奔我父亲。他在我家里睡了一夜,第二天又回南平去投案了。他的唯一的目的就是想让家人放心,所以他走后,我父亲就到厦门局口街他的老宅里向他的父亲报了个平安。

过了不久,徐报德先生被释放回来了,我父母合计着想要帮他张罗一下婚事。徐先生的女朋友那边有几个好伙伴,也跟我父母认识了,大家一来二去,觉得说话很投机。在当时那个又孤独无聊又危机四伏的环境里,得着一个朋友自然是很容易亲密起来的,这样我们家就又热闹起来了,真可谓是"乐莫乐兮新相知"!这个新的知交是个才华横溢的青年艺术家,叫杨胜,他是厦门市第一个参加全国美协的会员,名画家张晓寒的大弟子。他十七岁时的画作就已经在华东六省一市画展上得奖,后来又参加了国际青年联欢节,与黄胄、杨之光、方增先同时获奖。"文革"前他在鼓浪屿的工艺美术学校任教,专门研究陶瓷。那个时候,大家都闲着没事,杨胜就成为我的老师,天天教我画画。不久,杨胜老师结婚了,徐报德老师也结婚了,各自有了理想的佳偶,建立了幸福的家庭,这在当时的环境里尤其显得色彩绚烂。

父母亲和艺术家杨胜——他们当时唯一的挚友(1969年)

第十五章

下放闽西

68

1970年1月20日,我们全家下放到闽西连城县新泉公社芷溪大队。出发的那天,厦门火车站人山人海,鼓乐喧天,口号声此起彼伏,很壮观。只有前来送行的杨胜、陈颖子夫妇非常悲伤。火车开动时我望着颖子满脸的泪水,还挺纳闷的。我当时已经十一岁了,可还是很不懂事。

这是我生平第一次坐火车,兴高采烈,可是父母一路上都沉默着。过海堤时,我叫父亲看看大海,父亲却说了一句让人摸不着头脑的话:"孩子,到那里你要整天待在家里,不要到外面去跟别人吵架……"他一路上心事重重,我自然是不能理解。我们到龙岩住了一个晚上,第二天要换乘汽车。父亲在吃早餐的时候又对我说,"孩子,这是一碟油炸花生,你多吃些,以后恐怕就没有了……"我不知道他当时为什么那样绝望。

汽车在大雨中到了芷溪,我们下车的一共有两家人,除了我和父母外,还有厦大的叶德泉一家五口。我们在路边小亭子里避雨,就听到了一阵锣鼓声,敲着很让人感到凄凉的缓慢的节奏,三四个农民干部来到我们面前表示欢迎。大家正笑脸相迎,只听到叶德泉先生用他那侨生口音高声叫道:"芷溪的阶级斗争有什么新动向?"没有人回答得上来。大队书记江进初默默地把我们领到该去的地方,叶家在二十二队,我们则到溪对岸的二十九队。

二十九队那个地方叫"竹坑",但是没有竹子,只有满山的松树。小村子一望而知是一个古老的聚落,房屋的布局恐怕几百年都没有变过——黑色的屋瓦、红土的墙、垒石的屋基、卵石的道路。现在回想起来还很令人感动,我和父母都是第一次走过那么高那么长的木板桥,那桥的支柱又长又细,底下水流湍急,哗哗声响,叫人有些害怕。过了桥之后,就来到一个大门口,门外有围墙把整个村子都遮蔽着,而从门口看进去,则是屋舍俨然。父亲好像有些激动,与热情的老农一一握手,到了这里,他安心了些。生产队长领着我们到一间小小的本来是要做厕所的土屋前说:"这就是老黄你们的住处了。"我们刚走进去,一股充满霉味的泥土气息扑面而来;举目四望,空空如也。土墙和屋顶之间约有一尺高的缝隙,当然这是厕所的标配;地面也只是红土,没有抹石灰的,更别说铺砖了。墙上只有一个小窗,竖着三根木棍做窗棂。从窗里望出去,则是乔松劲健,山峦苍翠。我跟父亲说:"这里的风景真是太美了。"父亲说:"对啊,你就在这里好好学习、好好读书,以后一定会有用的。我想,顶多再过五年,读的书就会有用了。"

门外雨一直下个不停,而我们家的行李都还没有送到。当晚我们一家三口就在一张简易木床的稻草上沉沉睡了,完全感觉不到有多少个跳蚤在我们身上聚餐呢!

我和父亲、母亲、表哥在下放之前合影（1970年1月20日）

69

当时的芷溪，其实是个美极了的地方。那里有七千人口，所以房屋鳞次栉比，从溪边到山脚，一个院落紧挨着一个院落，都是青砖黑瓦。田地就大多是在山里面，村庄中只有小面积的秧田、菜地，穿插在房屋之间。而四围的山色更是迷人，层层叠叠，愈远愈高，山脊蜿蜒起伏，很有气象。二十九队的老农曾拉着我父亲站在村子的大门口往外观看，说道："老黄，从这个大门的位置看出去，你就该知道当年的风水先生有多大本领了。我们二十九队之所以男丁兴旺，都从这大门的形势中得来的！"我父亲将信将疑，因为事实的确如此，二十九队的青年人几乎全是男丁。

芷溪蜿蜒流淌,清澈见底。溪中堆积着卵石,像珠玉一般在阳光下闪烁着。逆着溪水漫步进山,往丰图村一路走去,则景物更加迷人。农民们在山口筑了一道坝,使山里的溪水形成了一个深塘,非常澄静。那周围乱石穿插,草木葱笼,石级幽深,不见天日。有点像柳宗元笔下的永州的山水。父亲一到此地,就立刻为山水和人文之美所吸引,这个地方的山川之秀丽,风俗之醇古,都为父亲平生所未遇见。

芷溪的人文在闽西的山区里算是很发达的了,这里的人虽然讲的都是客家话,但普通话是通行的,交流不成障碍,这使得我的父母亲在那里待了三年还不会讲当地的方言。那里读书人真不少,父亲认识一个驼背的老人,矮矮的个子,却抽着一根比拐杖还长的烟杆,只能就着燃烧的垃圾堆点火。这个人是芷溪最后一个秀才,而在他之上的六代人都是中了举的,因此每当过年的时候,他家的门楣上总是贴上四个字的横批:"七代书香"。芷溪这地方的风俗也非常古雅,一年中最叫人兴奋的是端午节。一大早,全村的少女们熙熙攘攘的,都拎着药囊上山采药。她们不是象征性地采几枝艾草,而是将各种各样的药草,采摘满满一筐,以此祈望着安生济世,这真是个好风俗。总之,这林林总总的际遇,使我父亲如入桃源一般,感到惊奇。现实上的困厄,似乎也有所化解。

当然,从生活的实际上看,面对的困难是非常多的。父亲从来不懂得在衣食起居上照料自己,所以本可以不用下放的母亲坚决要求同行来照顾他,可是,母亲也是一个完全不通家务的人,据她的大嫂说过去连条手绢也要别人帮她洗的,更甭说挑水做饭这些事了。但现实总要逼人去做的。我母亲开始提出在老农民家搭伙食,把全家的粮票和伙食费交给他们。结果是每日三餐全都吃一些馊掉的萝卜干,头一个月下来,父亲就病倒了:高烧、中耳炎、痔疮一起发作,搞不好真的会死掉。公社所在地新泉有一位有名的老中医,给父亲和母亲都看了病,说道:"最重要的是加强营养。"这样,我母亲就决心自己煮饭菜了。老农民在我们的斗室里修了一个灶台,我们就开始生起了火,那个时候母亲只懂得把面条煮熟,然后舀一大勺猪油(三姑从厦门寄来的)拌了吃,我们都觉得太香了。那时想吃蔬菜就拿一角钱给农民,直接从他们的菜地上摘一把来吃。我记得当时我父母为一日三餐的事是很忙乱的,有一回母亲在热锅里倒了点油,才想起菜还没洗,赶忙把菜盆端到门口,连呼老黄赶快舀水来,我父亲一下子丢开书本,跳起来舀了一瓢水,哗地倒进热油锅里,嘭的一声炸得满屋子斑斑点点的。又有一次母亲夜里要出门去大队一个什么专案组开会,叮嘱父亲把灶膛里的火灭了,于是父亲又从水缸里舀了一瓢水直直地向热火炉膛冲下去,这一下更是炸得满室灰尘。总而言之,下放的日子一开始是太难过了。但是慢慢地,我们也学会了不少生活的技能。母亲学会了烧菜、学会了杀鸡鸭,甚至杀石冻,真是很厉害。在当时的芷溪,石冻一串十只,仅卖六角钱,我们用它煮豆腐,天天吃,这使我们的身体越来越棒了。父亲则一直学不会煮吃的,有一次母亲叫他帮忙拔鸭毛,当天他就恶心得不敢吃那鸭子了。所以父亲的家务活就是洗衣服,每天早晨太阳出来,他就和清一色的十来个大姑娘小媳妇一起蹲在溪边洗衣服,人家看着他那么狠命起搓呀搓呀,觉得很奇怪,那里的男人是从不干这个的。我父亲带头移风易俗,绝不理那些说三道四的乡下人。我则负责到井里挑水,每天满满的一缸,需要挑三担水,父亲的肩膀不能挑东西,他到庙前大队去买米,二十斤、六里路,他都累得不行,他挑东西的身段是很僵硬的,且不能换肩,所以很吃力。

芷溪大队的下放干部有三十六人,一半是单身,无随行家眷的。父亲恐怕是这些人中下田地最多的一位,他和二十九队的农民相处得非常好,大家都知道他是一位真诚的知识分子。我们刚到的时候,春耕尚未开始,就在山里筑堤坝蓄泉水,在冰冻的田里犁地,在山脚下积肥,这些,父亲都热心参与。在空闲的时间里,农民就向他介绍山里的一些名胜。他非常喜欢游山,而且每次都带着我,携支竹杖、背个水壶,往周边的山里去漫游。我们经常去的有金石寨、青山、黄家山、蜈蚣洞、仙姑洞等等,这是闽西生活中最惬意的地方。

70

1970年夏天,我父亲在芷溪得到了一位最要好的朋友,就是从厦门大学下放来的姜元瑞先生。他年近六十,本来属于"老弱病残"一档,不必下放的,但他自己要求要到农村来,也许是因为他的小女儿下乡在上杭的古田,他想离她近一些可以关照得到。不过这是我的猜测,三年来他很少去古田,女儿珊珊也没有来芷溪看望过他。

这位姜老伯年轻的时候是个翩翩公子,他父亲曾任福州的知府,长兄则在福州开了一家很大的当铺,亦官亦商,很有权势。老伯出生于民国元年因而名叫元瑞,他从小打拳弄棒、唱戏拉琴、鉴赏古玩、画画写字、吟诗作赋样样都精,就像个红豆馆主一流的人物。他生性极其豪爽,胆子又很大,这一点与我父亲的禀性大不一样,也因此让我父亲十分倾倒。他的到来,一扫我父亲内心的孤独感,二人成了莫逆之交。我记得他第一次来我家,就拿出了新写的两首诗歌送给我父亲,父亲当日就回赠了两首,从此以后,二人凡有所作,就互相交流、切磋,这的确是艰难时日里的一段佳话。

有一天,姜老伯出示一小横幅,上面写着"不知所云轩"几个双钩的行楷字,非常漂亮。他说这就是他新居的名字,并问我父亲有没有为我们的居室起个斋号?父亲想了一下,说:"我爱芷溪的美,就叫它'芷斋'吧,这里的意思也是出于楚辞,此时此刻真的很向往屈原!"姜老伯就当场用我画画的笔墨写下了"芷斋"两个空壳字,他不打稿子就能用双勾描出很美妙的行书,也算是一门绝艺了。姜老伯为我们把斋号悬挂在门楣上方,对我父亲说:"不能无诗啊!"父亲想了几天,才写了一套散曲《双调新水令》如下:

蓬窗斗室号芷斋,远尘嚣我心快哉!诗友常过往,山月共徘徊,溪边闲散,静对野花开。

[驻马吟]残书数卷,闭门课子常自在;旧词新曲,促膝推敲笑眼开。泉冽茶香留雅客,谈古论今畅开怀。这中间有真意,羡什么方壶蓬莱?

[雁儿落]俺只学,雄文四卷看世界;俺只学,春到陇亩勤培栽;俺只学,贫下中农阶级爱;为革命学习从头来。

[得胜令]哎!闲时节,携竹杖,寻幽径,游山寨,访古迹,扪绿苔,孤灯下,译文章,倚绿窗,谈齐谐,田塍上,辨药材,无私无畏无挂碍。

[收江南]呀!满岗苍松护芷斋,清溪绕屋草盈阶,风流倜傥春常在,人生新起点,到头来,我爱芷斋。

从此以后,我隔一二天就见到姜老伯。他也很疼爱我,看到我个子长得飞快而身体又很瘦弱,就教我健身。学一些简易的拳脚,还有诸如握拳啦、踮脚啦、小便咬牙根等等小气功。我习惯性地做了几十年了,现在看来果然是很有效的。他还送我一本《肌肉发达法》,这是一本三十年代外国的图册,是他年轻时候喜欢的书,里面全是美国、俄国和欧洲国家的大力士的照片,我更是爱不释手。后来我让表哥带给我一副十磅重的哑铃,天天就照着这本书练起来。姜老伯还教我拉胡琴、唱京剧,教我读工尺谱,还讲了许多故事和笑话给我听。他是我的文化艺术的启蒙者,当时我的杨胜老师不在身边,所以一切有关艺术的知识都是从姜元瑞老伯那里获得的。

他来到芷溪几个月后,恰逢六十一岁的生日。他说相命的为他批流年,六十就停止了,没想到他竟安然度过,也许是我们一家的友情对他有所助力。他已经请人为他打一张床,想要父亲为他题首诗,母亲为他写字,还要我画的竹子刻满所有的栏板。我记得他把我贴在墙上的墨竹全都揭了去,母亲用毛笔书写了父亲的句子:"六同奇风雨,一觉闻啼鹃",都雕刻在床上。当这张床终于造成的那天,他非常高兴。他说他原来是睡在一个祠堂里的牌匾上,已经好几个月了,三天两头梦魇不断,这下终于可以睡个平安觉了。

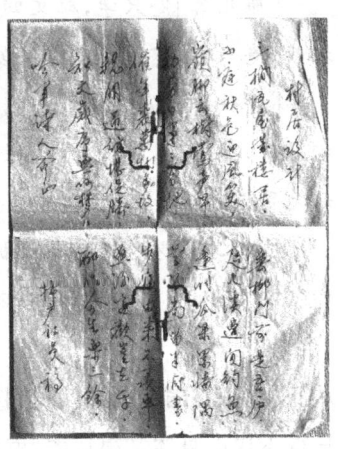

姜元瑞老先生及其诗稿

71

1972年春天,我父母被落实政策,从芷溪大队调到新泉公社的五七中学当老师。临走的时候,村里的男女老少都来依依惜别,一位老妇人流着眼泪,说她感到心肝疼。"心肝疼",农民的朴实而真挚的情感深深印在我父亲的心里。然而从那一刻直到死,我父亲从未再踏上芷溪一步,我们不断地回忆她、怀念她,又怕重新见到她,怕时过境迁、怕物是人非、怕改天换地的人们把记忆里的村庄全部铲除了去,父亲实是一个心灵脆弱的人。

我们来到距离芷溪大约五公里的新泉,住在五七中学所在的窑下村,父亲向村里的农民租了一幢二层木屋,凭栏而望,看到四周的风景竟比芷溪的竹坑更加优美。原来的满山的苍松不见了,换作了一大片翠竹,环绕着清澈的溪水。竹林中屋舍若隐若现,而点缀其间的是数不清的桃花李花,灿烂耀眼。父亲那时心情大好,毕竟脱离了辛苦的田间劳动而回到自己所熟悉的教书生涯,他甚至想邀请厦门的好友杨胜、陈颖子夫妇到此一游,他寄给他们一首《汉宫春》,里面的句子全是写实的:

小楼独上,看绿浮丛树,山笼轻烟。多谢一夜春雨,洗红杜鹃。竹外清溪,捕鱼人竹筏轻泛。谁信到,万壑深处,风流似江南!此地风物宜然,更革命炬火,高擎早年。弹洞犹留残壁,青史永传。光辉文献,除扫尽障气乌烟。盼君来,咸严历史,挥洒落银笺。

对我父母而言,能教书,生活就感到自由。他在课堂上用各种图表来分析课文《武松打虎》的写作技巧,完全把初中的孩子当大学生对待。有时竟带着全班的同学到溪边的竹林子里高声朗读,我感到他身上又发出了活力。到了晚上,他就教我读古文,教材是一套于安澜编的《画论丛刊》,从宗炳的《画山水叙》到石涛的《苦瓜和尚画语录》,都让我背得滚瓜烂熟。我现在对那些东西还是张嘴就来,从中也认识到诵读对于理解和掌握古文实有极大的作用。

我还把赵殿成编的《王摩诘诗集》也读得烂熟,因为父亲遍天下找不到一本《唐诗三百首》来做我的启蒙读本,所以我于王维之外的诗人是大部分不了解的。但是,那个时代可是1972年呀,能这样读书实是一种难得的幸运。我们一家在新泉的生活过得很惬意,那里的集市上有许多好物品,一只黄獐卖二十元钱,可以几个人合买。还有山鸡,也是经常可以买到的。那里的溪水比芷溪深好几倍,溪里的鳜鱼又肥又大,农民捕来卖给我们,也才一两块钱。那些农民闲时撑着竹筏在溪中捕鱼,而我则每天下午三四点钟也到溪中撑竹筏,来来去去的玩得很开心。那溪水与芷溪不同,静得像一面镜子,群山倒映其中,真像个水晶宫似的。我这一辈子再也没见过如此明秀的风光了。现在一想起当时曾经在那样的环境中生活过,真觉得是难得的幸运。

新泉还有一处特别吸引人的地方:沙滩上的温泉。父亲带着我每星期去一两次。那里是完全露天的,一共三个大池,两个是男用,一个是女用,中间以竹篾谷搭隔开而已。有一次发大水,把谷搭冲掉了,也没有人去补起来,男女就不再隔开。只是妇女们到夜晚才来洗浴,这样就不会被窥视。我们刚接近温泉,就闻到一股很重的硫磺气味,看到很浓的烟雾,尤其是寒冷的冬天,烟气更大。起初浸泡十分钟就感到要窒息,后来可是习惯了,我和父亲每次都泡了将近一小时。而与我们同时下放的叶德泉老师却不敢去泡,他觉得赤身裸体在户外太可怕了,父亲则嘲笑他下放都二三年了,还没改造好。但是,温泉有时也会发生意外。有一天晚上,我和父亲去泡澡,忽然女池那边冲过来一个疯婆子,光溜溜的,二话不说就把池边十来个男人的鞋子各取一只,拿着就走,池里的人没有一个敢裸着去追她,最终大伙儿都光着脚回去了。温泉到我们家要走半小时,我和父亲也互相搀扶着,光着脚,踏着月色回家去。

72

  1973年元旦,父母亲听到了结束下放,调回厦门的小道消息。没过多久,正式的通知就下来了。那天姜元瑞老伯特地从芷溪来到新泉向我父母祝贺,他亲手烧了一道叫作"爆肉"的福州美食,带来跟我父母一起下酒。当时的调令里没有他,我父母走后,他就只能孤零零待在山区里,又过了一年,他退休了,才回到厦门。

  为了纪念闽西三年的生活,姜老伯特意嘱咐他女儿姜沐新的同学,一个十分有才华的青年画家叫曾锦德的,画了一幅山水。这是一张四尺横幅,其内容则按姜老伯所述创作。此画完成后姜老伯带到我家来请我父亲为之题诗,父亲写了一首《一萼红》,这是他在闽西所写的最后一首诗歌,为自己的闽西生活做了一个结束,词云:

    对山林,忆呼朋携侣,春日共登临。
    路隘苔滑,松斜蹬古,处处烟霏云横。
    银河泻,千寻悬瀑,松涛响,万壑龙吟。
    杜鹃满山,樵人不到,山意沉沉。
    大块文章假我,试倚石推敲,秀句闲吟。
    乱山叠翠,杂花披拂,最喜梯田满山岑。
    武陵路,人间换了,挥麈客,扶犁上田塍。
    此间有高山流水,处处知音。

  这是在闽西写的最后一首诗歌,没想到也成了他漫长人生的最后的诗歌。当他回到厦门之后,一点诗兴也没有了,他自己说就如"鬼魂西行"一般,到了这里,诗就全都隐去了。硬要作的话就成了文字游戏，没半点趣味。他将在闽西三年写的诗、词、散曲用毛边纸抄录成册，大约三四十首，加一张牛皮纸的封面，题曰《短歌微吟》。姜元瑞老伯为它写了这四个行楷字，用的是写标语的那种红颜料。父亲从年青的时代起就写了好多诗，新诗旧诗都有，可是现在仅存的就是下放闽西三年间的这些作品，从某个角度看，下放闽西的这三年也可以算作是父亲人生中的诗的时期了。我了解父亲在写这些诗的情境，就是在高压政治和秀美山川的双重作用之下，父亲的诗才突然显露出来。他在作诗时绝不是苦吟的，即使是成套的散曲，也多是一时遣兴。所以在音律上不是十分讲究。但是他的诗格是高的，诗笔是老辣的，诗境是浑然美丽的。有人说他的诗词里杂有曲的味道，这虽说是他平时的熏染所至，可是就当时的社会情形而言，只有"曲"的语言最能寄托他的精神的自由和通达。父亲这辈子活到了九十岁高龄，而写这些诗的时候他刚过了四十，他的一生为人都非常谦慎、平和，甚至逆来顺受，但就在闽西的那三年，他的心是解放的，无畏无碍，所以有了这些诗歌，我们能够从中感受到它的锋芒。

　　在我的一生中，能与父亲朝夕相处的日子，也就是闽西那三年的时间了。我跟随他读书、耕地、游山玩水，也学习写旧诗，亦步亦趋地向他学习。现在回头看去，多少往事都如云烟消散了，唯独那三年的闽西生活于我还留着极清晰而美好的印象。因此父亲的诗于我也就显得那样宝贵，我几年前把它整理并印成一册，为了我父亲，也为了我自己，时光虽已流逝，但生活并非空虚。

第十六章

教育与学术

73

我们一家终于踏上回乡的路途了。我们先把打包的家具送到汽车转运站,然后搭上运货的卡车到龙岩。傍晚时分,我们就登上了指定的火车厢。这是一个空荡荡的铁皮车厢,本不是用来载人的,而是载猪的那种,四周只铺着稻草垫子。回乡的人们就坐在那稻草上,背靠着车皮。铁门一拉,车厢里黑咕隆咚的,过了许久,有人在车厢中部悬挂了一只马灯,散发着昏黄的光,像做梦一般。不知不觉地身子下边传来了车轮和铁轨的震动的声音,那是一种急促的节奏。车厢里没有人说话,我和父母也都静静地待着,然而一点睡意都没有。忽然听到有人用口哨吹着《星星索》的调子,很小声,但是很清晰,而且不断重复地吹着。那口哨声让我感到一种欢乐甚至是甜蜜的意味。父亲和母亲一定也是静静地听着吧,我在黑暗中自想,他们也一定为这口哨陶醉了吧。三年时间,两趟列车,去的时候是漂亮的绿皮车厢,车上的人却是心情沉重的;而回来虽然是肮脏、黑暗的铁皮车厢,车上的人却是有着轻飘飘的感觉了。这时,天又快亮了,列车到了郭坑,到了前场,到了杏林,到了集美……家乡又重现我们的眼前。我闻到了一阵阵浓烈的潮水和滩涂的腥味,这是多么熟悉的家乡的气味呀!

我们从厦门火车站雇了一辆三轮车到轮渡码头,为的是可以一路饱览街景。当一带鹭江呈现在我们眼前,父母更加激动了。他们站在码头上,盯着对岸的日光岩久久凝视着,直到船要开动了才匆匆跳上去。当我们走到家门口,走进铁门,父亲突然叫了起来:"呀!这房子怎么变得这么大!"生于斯,长于斯,这住了大半辈子的房子第一次让我父亲感到了它的壮丽,而且为之震慑了。

三姑打开了大门,满脸笑开了花;我的保姆林添花也在,这几年她一边为别人做外工,一边管理着我们的空屋,守护着我们的产业。我们又回到过去的生活了,能够如此,则这三年的闽西农村的生活体验也才显出了它的价值。

父亲一回来就被分配到铁工厂上班,他在"文革"挨批的时候就是在那里。后来又有一阵子到郊区的后溪公社做工作队,大约有半年多的时间,但是经常可以回来的。后来就调回到总工会了。在1977到1978年期间,总工会办了一所"七二一工人大学",父亲就重拾教职,在那里讲鲁迅,还有政治经济学。当时有许多的学员是从乡下返城的知识青年,他们都十分刻苦用功,像是憋着一股气,有些人做出了很好的成绩。比如当时邮局的投递员汪毅夫,后来就成了很好的学者,还担任了副省长的要职。

到了1979年,"七二一工人大学"停办了,在时代的呼唤之下,过去的那所"厦门工人业余大学"终于恢复。这对许多想要学习进修的职工是一个大大的喜讯,而对于发心要将毕生精力投入到工人业余教育上的我父亲而言,更加是个大大的喜讯。

下放归来的父亲（1974年）

74

现在回头说说在我们刚从闽西回来的那一阵子，虽说心情舒畅，但其实父亲的生活有些茫然。国家政治风云变幻，城市的人际关系复杂到令人难以适应，父亲从山林回到城市，就打定主意躲进小楼专心读书。他想起祖父的话语"我行我素"，他曾经放下书本，努力地与工农相结合，现在都结合过了，他又回到书本中间。单位里就有一个老同事规劝他："你若一直与这些'封、资、修'为伍，是一点前途也没有的。你的落后思想很危险！"父亲心想：这些年流行着一句骂人的话叫作"死不悔改"，我也就算是"死不悔改"了。这就是他的立场。

有一天父亲正要去逛新华书店，走在中山路的人行道上，被一个戴帽子的人叫住了。父亲一看，激动地叫了起来，是画家张晓寒！好久不曾见面了，听说他被造反派抓到监狱里去，受了许多的折磨。父亲问他:"上哪儿去?"张先生回答:"买宣纸。"父亲问:"您还画么?"张先生答道:"我刚从监狱出来,回到家里,看到所有的东西都被抄家的抄走了,只余下一块砚石被弃在墙角没人要。我想那是预示着我的命运,非得画画不可的。"父亲心想:又是一个"死不改悔"的人了,正所谓"道不孤,必有邻"。屈原说,"亦余心之所善兮,虽九死其犹未悔",张老师就是这样的人品,令人敬佩。过几天,父亲过访杨胜老师,告诉他遇到张晓寒先生的事,因为杨胜老师是张先生的大弟子,父亲想多了解一些张先生的近况。只见杨胜老师打开了一幅卷轴,是张先生画的《怀沙图》,画里屈原的形象也正合我父亲的想象,那不是《离骚》里的屈原,而是《涉江》里的屈原,一个毫无顾忌的、唾弃了世俗的形象。

父亲那天晚上对着母亲和我讲了许多关于张晓寒的往事。原来他们的相识也很偶然,也是他被张晓寒先生突然喊住的。那是1957年在厦门火车站的月台上,父亲正要出发去北京,听得车窗外有人喊"黄先生,黄先生!"探头一看,那人自我介绍说:"我是张晓寒,曾经去过您家拜访过你的父亲的。"我父亲非常欢喜,与他一见如故。后来在厦门文联的活动中也经常会面。有一回在鹭江宾馆,张晓寒先生特地将年轻的弟子杨胜介绍给我父亲,说"这是一位才华横溢的青年画家",所以后来当徐报德先生带杨胜来访时,就发现杨胜与我父亲已经是故交了。

张晓寒先生有一次来我家做客,见到父亲在墙壁上挂着一幅《鸭江蒙雨近黄昏》的立轴,他非常感慨,说这幅画的作者郑祖纬,他认识的,是个天才,是潘天寿最器重的弟子。他年纪很轻就死了,潘天寿为之哭得老泪纵横。眼前的这幅《鸭江蒙雨近黄昏》果然画得淋漓酣畅,气韵非凡。父亲看到张先生很动情,就把此画赠予他。张先生回去后不久,就画了一幅《雁门诗意图》赠予我父亲做纪念。他知道父亲喜欢元朝诗人萨都剌的诗,所以选了一首题于画上:"下有万年松,上有太古雪,只恐明月中,铁笛吹石裂。"画中雪峰壁立,松枝低压,有一人着朱红衣踞于石上吹笛。整幅画非常简洁明快。父亲见了也很感动,他写道:"……晓寒同志这幅画作于一九七六年,这一年我国正处在灾难深重,万马齐喑之秋……晓寒同志本人也在文革中惨遭迫害和凌辱,可是他的作品,没有半点消极颓唐的情绪,相反的却在冰雪摧残,万花纷谢中,听到'铁笛吹石裂'。这红点将喊醒沉睡的群山,他将像鲁迅笔下的'死火':'他忽而跃起,如红彗星,并我都出冰谷口外。'(《野草》)晓寒同志

张晓寒赠父亲的《雁门诗意图》(1976年)

的画象征着如此乐观主义的精神,这是他在多难的生活中看到深层的本质,深刻认识历史的巨轮不会倒转的规律。于是他有了力量,对生活充满信心。他笔下的形象充满活力。"我父亲和张晓寒先生在那个时候也只能是相濡以沫,可喜的是他们都没有变节。

父亲在黄山松树前的留影(1989年)

75

父亲的又一件欣慰的事,是老朋友周祖譔先生终于被平反了,他的妻子吕纯瑜老师也从华安乡下回到了厦门。此后的一段日子,他们几乎每周都到我家来坐坐。周先生是个才学兼备的学者,早年就读于东吴大学,与母亲是校友,毕业后他又考上了清华大学,是浦江清先生的研究生,也算是陈寅恪的再传弟子。周先生是解放后清华大学第一批毕业的研究生,当时只有二人,他和傅璇琮,都是学问精湛的先生。周先生毕业时原是安排留校的,后来因为他的浙江黄岩口音,北方的学生难以接受,就分配到南方来了。当时王亚南校长正要到厦门大学走马上任,就把他挖到了厦大。周先生到厦大之后就马上展示出他的才华,写作了《隋唐五代文学史》,1958年出了第一版,后来有许多研究隋唐五代文学史的学者都是受了该书的影响的。周先生治学非常认真,但是脾气却不太好,容易激动,得罪人的事是常有的,所以"文化大革命"一来他吃了许多亏,被罚在农场养猪,连下放的资格都没有。现在虽然平反了,但心情仍然苦闷,因此与我父亲就往来得更加频繁了。从1974年起到1977年这三四年间,每逢周末,周先生夫妇、杨胜先生夫妇都齐聚我家,谈天说地,不到半夜二三点钟是不会离开的。在寂静的夜里,他们说话的声音却是非常高,也不知周边的人们是否注意到这里的"三家村",这在当时是完全够得上告密的材料。

三家人的聚会,是让我父亲深感快乐的事情。每到周六,父亲就忙叮嘱佣人炒一斤花生米,自己又跑去商店买好的茶叶。客人还没进门,他就亲自到厨房里洗茶壶和茶杯,他告诉我说:"记住,碗筷是可以请人洗的,但茶具必须是主人亲自动手洗涤,这是风雅的事情。"然后,我父亲就怀着期待的心情等候着朋友,当他听到楼梯上的笑语,就急忙迎了出去。父亲一生交友很少,他很谨慎,一般不与生人往来。但是对于二三知己,他的热情洋溢也是少见的。这种三家的聚会,直到1977年杨胜老师去了香港才停止了。只剩下两家,有时你来,有时我往,比较平淡了。后来业大开张,我父亲就大忙了;周祖譔先生也收了第一批研究生,也大忙了。我们两家人就只有逢年过节才相聚,不像往日那般频繁了。

那个时候,我在厦门工艺美术厂工作,也想到厦门工人业余大学学习中文,去做我父亲的学生。一天晚上,周先生来我家对我说:"听说你父亲要你读陈寅恪的书,是吗?"我说:"是的。"周先生说:"读了陈寅恪,学术眼界会更高远,这是非常重要的。"他拿了一张油印的《哀江南赋》,开玩笑说:"你若能读下来,我也收你做研究生。"我说:"叫我断句吗?"他说:"不,这是骈体文,断句有何难?只是这通篇的典故你要懂得却不容易。"后来父亲说:"陈寅恪说过:《哀江南赋》岂易读哉!其实周先生就是在暗示你要去读陈寅恪的文章的,但他不正面对一个孩子说教,只是鼓励你。"有幸的是,十多年后，周祖譔先生也做了我的老师，我听了他三年的课程，成了他最后的弟子。

我与父亲游苏州留园(1984年)

父亲工作照(1985年)

76

父亲对于厦门工人业余大学寄予厚望,他深知来这里学习的学员无论天赋、恒心和苦学精神都是非常好的,因此要有最好的老师来传授知识。当时业余大学几乎是白手起家,经费少得可怜,连上课的教室都得到处去借。文化宫、八中、五中,师生们挪来挪去,居无定所。但是尽管如此,父亲仍想方设法为学员请到最好的老师来上课。父亲成功地游说厦大的许多教授来一起参与创业,他先找到所熟识的老一辈的先生,由他们来推荐人才。当时,韩国磐推荐了郑学檬,周祖譔推荐了何建华,许怀中推荐了卢善庆,郑朝宗推荐了林兴宅,都是当时厦门大学挑大梁的专家。我父亲与这些人一见如故,他们为我父亲的热情所感动,我父亲也为他们的热情所感动。结果是连续好几年,他们倾心倾力地为业余大学的学生授课,并且师生建立了极为密切而美好的关系。虽然他们只挣到很少的一点薪酬,可是为了这些如饥似渴地求学的职工学生,为了传播崇高的知识,他们付出了太多的辛苦,业大的学生,包括我,永远会把他们铭记在心里的。

郑学檬老师是五代史的专家,厦门大学的副校长,当时他担任了工人业余大学的通史课程。我父亲特地找他商量,要求他为学生开一门选修课"古籍研究",郑先生答应了,并且很认真地备课,他以《四库全书总目提要》为纲领,介绍了许多重要的古籍,特别是介绍了佛、道二家的典籍,学生们闻所未闻,受到很大的教益。

林兴宅老师不但在课堂上讲授现代和当代的文学,他其实是现代文学青年的领路人,学员中有许多工人作家、诗人都受到他的新思维理论的影响,完全打破了长久以来的僵化的创作程式,取得了全新的成就。

卢善庆老师教美学,他鼓动了许多同学投入到美学的研究之中,并且就此组织了一支骨干队伍,成为新建立的福建省美学研究会的学术力量。这支力量当时在青年中,在企业家中都起了很大的作用,为建设新的城市文明推波助澜。他们生气勃勃的,在美学界颇有影响。卢善庆老师有事业心,有激情,做起事来亲力亲为,没有一点儿架子。与学生们亦如好朋友一般,这一点和一些高冷的学者大不同调,学生们都很喜欢他。

何建华老师讲古典文学,情绪激昂,手之舞之,足之蹈之,他又嗜酒,大有名士的味道。古代的经典,很多他都能背诵,"诗三百"他也都能背诵,所以课讲得很好;而另外一位讲古典的陈尽忠老师,人称"老梗",讲话轻言细语、断断续续,有时上课学生吵闹喧哗他也不管,只顾低头轻声地讲下去,几乎是自言自语,坐在后排的学生往往是什么时候老师开讲都不清楚,当听到他讲课的声音时,课已经上了好长一段了。这位陈尽忠老师是我父亲中学的同学,父亲知道他胸中是很有墨水的,但实在不善于演讲。

讲现代文学的柯文博,是一个非常严肃认真的人,讲课一丝不苟,学生听课也只能是非常认真,否则他定会干预。在学生们所记的笔记中,恐怕柯老师的课是最完整而有条理的了。

老一辈的教授如郑朝宗、周祖譔和蔡厚示也来为学生们开讲座,郑先生讲西方文学,另外两个讲唐诗,都是很有分量的讲演,为学生提供很重要的治学方法和门径。

就这样,厦门工人业余大学的学生当时除了没有国家文凭之外,所学的真不亚于正规的大学。郑学檬先生甚至说:"我在厦大讲课多是照本宣科,而在工人业余大学则是自由地发挥。"很多老师都有同感。

父亲在校务工作会（左三）

我父亲在管理业余大学的教学上只提出了三个字："有特色"，因此许多事是打破常规的，他自己为中文系的所有学员开设"文学论"，摒弃了当时流行的一切教科书，在备课的时候都不参考，所有的讲义都自己编写。他注重的文献，引用最频繁的是：一、古代文论；二、老庄与佛学；三、马克思主义学说；四、精神分析；五、比较文学。这一切的综合，使他的讲义在当时算是体系比较先进的，但是他的治学形式仍是传统的讲求实际的方法，很少驾诸空言，取得抽象的结论。

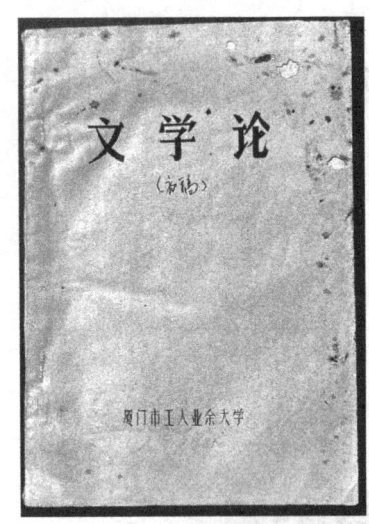 

父亲的讲义讲稿

他的《文学论》讲义实际上是未完成的。因为其体例本来分为三大部分，一、文学的本体论；二、文学的创作论；三、文学的鉴赏论。虽然日本的厨川白村也是如此分类，但这种分类法的根源在《文心雕龙》，是南朝的刘勰在参透佛教义理的基础上把印度人的治学逻辑移植到中国文论上的。父亲觉得这种分类最为恰当，但是当他用360课时来讲授，还是未能完成全部的篇章，因此鉴赏论是未完成的。在他退休的时候我也曾问他是否想完成全部，他回答说，过去的意念已经陈旧，离开了课堂，他就不想再碰那些东西了。

父亲留下来的讲义还有《中日诗歌的比较研究》和《禅宗与诗的关系》，前者有油印本，后者只有手稿，也是未完成的片段。我曾经编辑了这些手稿，我发现，离开了课堂，离开了他自己的发挥，他的这些讲义很难让人认识到他的学识、风度和极其敏感的思想。

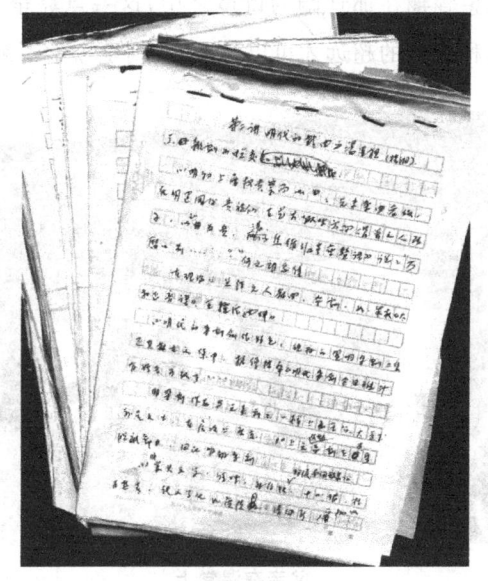

父亲的手稿

父亲讲授的课程不止这些,当时有几个七九级的学生希望父亲另外为他们讲《文心雕龙》,父亲就请他们每周一个晚上到家里来,围坐在走廊尽头的小书斋讲课。他一字一句地带着同学们研读。后来八二级的同学知道了,便也请他开了《文心雕龙》的选修课,好像整个学期只讲了"原道"一篇,但有几个人对此印象特别深刻,觉得很有收获。

父亲在讲课的时候,一个上午连续四节课不间断,而且板书密密麻麻,字迹很小且潦草;而且写完就擦,擦了又写,下课时一身白粉就像是从打石场回来似的。而同学们也极辛苦,整堂课上健笔如飞,不得喘息。父亲上课时声音急促,嗓子尖细,而且咳嗽不断;有时书写到黑板尽头,他会从讲台上踩空跌下来,让人吃一惊。总而言之,完全不是那种从容不迫的演讲,但同学们竟也认为黄吟军老师的讲课的风度非常好,这大概是因为他太过投入了,能够引导学员们的思想翱翔在那辽阔的诗境之中,这一点完全是因为他的学问的渊博和识见的超远才可以达到,我则至今学不来。

父亲在课堂上

父亲在学术会议上

父亲的书房

第十七章

离休生活

78

父亲在1989年离休。校长不做了,但还是继续上课。一直到1998年,他大病一场,才停止了教学。他此后的生活真可谓是息交绝游,孤独地与自己为伍、与古人为伴。他每天散步,路线是固定的:从鼓浪屿安海路出发,经三一堂到西林,然后绕日光岩一圈,仍从安海路回来。散步的时间也是固定的:黄昏五点。他每天晚饭后,就在书房里静坐约半个钟头,然后就在灯下读书。他很少写东西,也没有交流的愿望。母亲说:"没见过像你父亲这样保守的人!"但是她并不了解,我父亲的不喜交游、坚持独处,真实的原因是他把个人的自由看得太重了。他宁可一辈子在边缘上待着,也绝不参与大众跳圆圈舞。他没有任何当主角的愿望,当然别人也用不着他来当配角,因为他没有这能力。他这一辈子对人总是真心、热情而温和的,几乎是有求必应的性情;但是他的内心总是有一块露地,别人不愿踏上去的地方,而他自己则非常珍惜。

就这样,平淡的生活一直延续到最后,前后有二十多年的时间,他的活动圈子就在鼓新路十三号这幢小楼里。每天早起,他为家人准备早餐。他经常是到安德鲁森面包店买面包,而且把那包装的塑料袋子折叠得很整齐放在衣袋里,以备重复使用;然后泡一壶茶,自己先喝,一边看看书,等到母亲起床,他们就一起吃早餐;餐后父亲便回书房,继续看他的书;午饭后的小睡是父亲长年养成的习惯,雷打不动。通常喜欢开夜车工作的人都有午睡的习惯;睡起,仍是看书;午后三四点钟,出门到书店逛逛,通常是到龙头路的晓风书店,那里经常有学术的书卖;傍晚他就绕日光岩散步一圈,然后回家吃晚饭;晚上静坐之后,又是看书的时间;到了夜深的时候,他喜欢吃一点馅饼之类的点心,然后聊天;过了午夜就睡觉。睡觉时,他一动不动地静静躺在床沿,盖一角被子。据母亲说,他睡觉时从来也不翻身,只是彻夜地鼾声雷动。

这就是他的生活,如果将此文复印三百六十份那就是他一年的"起居注"了。有许多朋友都对我说,别人读书是为了打造生活的武器,你父亲则无此目的,他是为读书而读书,他只为过着一种读书的生活,一册在手,他便满足了。他这一辈子读书的时间是很多的,多得让人嫉妒。他是一个很单纯的读书人,没有正规文凭,没有学位,他的工资和职务是他的革命经历换来的,不是学术换来的。因为干教育,他获得了副教授的职称,当时的职称评委会对他的论著的鉴定是"当之无愧"四个字。因为教学,他深受学生们的欢迎和敬重,这是他此生感到幸福的事情。他自己说再没有比做一个读书人更令人快乐的事情了,至于声名显赫,著作等身,则都由外部条件所决定。近几十年来知识分子的命运的起落已经让人看到了其空虚的本质,因此,立德立言之事只能付之一笑,倒是人格的修养,在此世上是最为重要的事情。

父亲为他所最喜爱的工人业余大学七九级学员的毕业册写了"行己有耻,博学于文"几个论语上的文字作为纪念,这也是他对自己的鞭策。当我与他谈论起一个当代的知识分子应为时代做出什么样的贡献时,他笑着用庄子的话回我:"若是而可谓成乎?虽我亦成也,若是而不可谓成乎?物与我无成也……"

父亲离休后游武夷山(1999年)

79

父亲到了晚年,不太关注健康的问题,他认为自己的身体一向很好。他虽从小不运动,身手不敏捷,但脚力、腰力都好过旁人。可是他的弱点在心肺。我们的家族,十有八九是死于肺病,父亲起先认为这是吸烟所致的疾病,所以他坚决拒烟。然而,这心肺之疾恐怕已经变成是遗传所致了。父亲从小到大,天天咳嗽,又急促又止不住,有时喝口水都呛到要休克。后来有人说我们家四面通风,是很伤肺的,要改一改风水。我就把走廊和后边的过道都封上玻璃窗。但父亲仍旧是咳嗽,这已经是顽疾了。到了2010年,他又患上了前列腺炎,他的学生拿了几盆车前草来花园里种着,想要为他治疗。可是由于父亲年龄很大,治疗没什么效果。有一次尿潴留,痛苦不已,急忙叫救护车送到厦门第一医院,才把七百毫升的尿液导出。此后就插着尿管过了好几个月,身体越发弱了。

父亲晚年病患中仍坚持作口述回忆录,
右边笔录者是我妻子包灵欣

2015年,他又一次住进了第一医院,母亲也长期陪他住着。在干部病房里,不停地检查,不停地医治,没过多久,他就变得痴呆起来,除了最亲近的家人,他都不太记得起人来了。只有当他的好朋友和亲近的学生来看他,他虽然口不能言,但心里明白。他与他们握手,挥手,如此而已。2018年8月9日,我的父亲终于医治无效,停止了呼吸。再过一年,母亲也溘然长逝。

80

从我的祖父黄省堂的诞生到我的父亲黄吟军的逝世,经历了一百三十年的时光,回头看去是怎样的匆匆啊!这二代人的命运完全不同,祖父一生非常坎坷,大起大落,生活的环境风谲云诡;而父亲的人生则安稳而平淡。父亲长时间坐着冷板凳,祖父则经常被卷入各种事件之中；祖父与各式各样的人物都有交往，父亲则只是交往各种各样的书籍。但是不可否认的是他们两代人的生命所体现出来的价值观却是十分相同的：就是注重人格的独立，热爱自由的生活。贫穷或者富贵，显赫或是落魄，一般不作为生活的最先考量。所以，在旁人看来，他们错过了许多机会，是很可惜的。就求学而言，祖父错过了英国，父亲错过了美国；就挣钱而言，祖父错过了菲律宾，父亲错过了新加坡；就谋生而言，祖父安于电灯公司的薪水，父亲乐于职工业余大学的教职；就趣味而言，祖父沉溺于失业时期的书画，父亲迷恋于下放生活的诗境。可以说，在本质上，两代人所过的是同一种人生。在风云变幻的一百三十年间，他们的成就就是"有所不为"和"安贫乐道"。在苦难中把握着幸福，体现出君子的人品。而这种人品，也成了家族的灵魂——为我所战战兢兢地继承着而时时担忧着它的坠落。我们的家舍此之外别无遗产。

后记

历史、环境、家庭与人

在一个家庭里生活了六十几年,脑海里面自然充斥了无数杂乱无章的记忆碎片,而且它们全都是活跃的,全都是新鲜的。当任何一个记忆的碎片自动浮现出来的那一刻,完全是多姿多彩的模样,就像是此时此刻在眼前发生的一般。它永不褪色,也永不丢失。人的肉身的衰朽居然对这些记忆的清晰度全无影响,不仅仅是经历的事情,即便是耳闻或目睹的事实,也在记忆中成为了永恒。

这几个月,我将这些记忆的碎片稍加连缀,整理成有序的内容,就直截了当地说了出来,接着又自己提笔写了下来,成了一个时间跨度约为一百三十年的简单的账本——关于我的父亲和祖父的生活的账本。我觉得这远远谈不上是一件完成的作品,因为只要有可能,我还想往里面塞进去更多的东西,也就是那些在将来还会偶尔涌现出来的记忆。

这就是历史吗?我相信这就是历史。它新鲜,而且活跃;它显得五彩缤纷,生动感人。可是我知道,现代的许多人对此是不太信任的,对于他们而言,只有遗留的史料才是靠得住的东西。

举个例子,安阳殷墟的甲骨文和《史记》里的殷本纪,你更信任哪一个呢?王国维曾考证说二者出入不大,但它们毕竟是有出入的呀!我在这里想说的是,安阳的甲骨提供不了司马迁的文笔所展开的雄伟的历史画卷,而我则更看重太史公书的价值,哪怕仅仅限于他的著作的范围。

历史著作不能没有灵魂,而灵魂不可能是枯槁萎黄的东西。它是活的,永恒地活跃的。清代的学者章学诚曾经说过"六经皆史"那样的话语,我们看看那些诗、书、礼、乐、易和春秋的内容,再看看《史记》、《汉书》,如果我们冷静地观察一下,就会得出结论:历史又何尝不是文学呢?

在我的这本家史里面,夹杂着为数不多的照片。这是确实无疑的历史遗留影像,但是这些模糊而泛黄的图像都已经不再是当时的模样了,这是谁都看得出来的。每一张相片几乎都可以成为一个谜,需要用文字加以解释的。照片中展现的人物的关系,环境的关系,都是确定无疑的。可这仅仅是历史的几个切片,从这里看不出前后的延续,也就看不到历史的真实的内容。

这些相片在这本书里都得到了诠释,可以与文字相得益彰地发挥出它的作用,可是如果将它单独地搁在古董店的橱窗里,它是一点意义也没有的。因此我们无须对此过多地看重它。人们对着相片可以说:"啊,你看他多漂亮!"但假使没有文字对它解密,对它补充的话,你不可能说"你看他多么平凡!"所以,一切遗留的材料只有在作为文字的附件时,才具有真正的史料价值。

然而人的文笔也是有疏漏的。"在齐太史简,在晋董狐笔",史家拼着性命也要在著述中坚守他的信念,可见历史是在某种信念的主导之下写成的。那么我呢?作为书中的事主黄吟军的独生子和黄省堂的长孙,我的记录自然也不会超出我的信念之外。在我的笔下,与我相伴生活了六十年的父亲和从未谋面的祖父,他们的行藏识鉴都被我总结成一个自由且自律的灵魂。这也是我的心灵的声响。

这两代人所处的环境是截然不同的,尽管都离不开鼓浪屿,但这个地方的一百三十年的环境变化,比起某些地方五百年的变化都要大。我当年站在佛罗伦萨的老桥上,俯瞰着河里逆流而上的四五只野鸭子,那场景不就跟古画里的但丁像一模一样吗?可是我的祖父和父亲,他们的生活情境却没有任何相似之处。但是,尽管这样,他们两个人却具有某些相似的品格,比如隐忍、坚定、负重和平淡的人品,是共同具有的。与同时代人相比,他们极度地缺少进取的野心,因此他们只能是很平凡的人。他们一生并没有什么拿得出手的可以炫耀的业绩。但是我爱他们,就凭这个我爱他们。我为他们写传记,主要是为了我自己的内心生活。这里面没有游说他人的意愿。如果说私心还有一点奢望,也只是想要与有着同样品行,同样认知,同样生活的人们产生一些呼应。我相信这样的呼应会有的,尽管目前看起来依旧十分渺茫。

总而言之,我这样写了,夹带着私人的感情和观念。我不去抑制描写得活跃和生动的文笔,我认为这是再现历史环境和事主的人生、情感和个性所不可缺少的。因此,我实在难以划出史学与文学的明确的分界线。既然可以是"六经皆史",想象力丰富的文学作品如《诗经》也被包括在"史"的范围之内,那么,唯一能做到的,就只有让那些追求事实的人们,先去了解作者的内心轨迹,由此得出一个判断的参数,以这样的方法来纠正作品的一切偏差。我坚信,哪怕是谎言,也终究掩盖不住事实的真相。

在将这份口述家史写作成篇的过程中,我得到了我的朋友张贞贞女士和宗观法师的鼎力相助,我深深地感谢他们;我还要深深地感谢编辑者的严审和阅读者的宽容。